「北鎮都市」札幌と戦没者慰霊

――護国神社の成立まで――

今井昭彦

「札幌忠魂碑」（左）と「屯田兵招魂之碑」（右）

御茶の水書房

はしがき

振り返ってみれば、群馬県で生まれた私と北海道とは、不思議な因縁で繋がっているように思われる。それは陰に陽に、「北海道」は私の人生に何となく纏わり付いていたからである。

私は戦後の昭和三〇（一九五五）年、群馬県太田市に生まれた。翌年には、「もはや戦後ではない」といわれる時代であった。同市地域は歴史的には、平安時代末期に「新田荘」が開拓され、東国武士団たる新田氏一族の基盤となり、鎌倉幕府を倒した（鎌倉攻めをした）新田義貞の出身地となった。後に義貞は「南朝の忠臣」の一人に挙げられ、近代には地元に新田神社が創建（明治八年）されて、「カミ」として祀られた。いわゆる「朝敵・賊軍」ではなく、「官軍」と位置づけられた。とくに昭和六年の満洲事変以降、対外戦争が拡大していくなかで、義貞は「忠君愛国」「敬神尊王思想」の手本とされていったのである。

また戦前、現在の太田市および隣接する大泉町（邑楽郡）は、軍用機を生産した、旧中島飛行機製作所（創業者は中島知久平）の本拠地であった。同製作所は、日本海軍機の「ゼロ戦」を最も多く生産したことで知られているが、同地は昭和二〇年二月、県内で最初に米軍の空襲を受けている。現在、その跡地の多くは「スバル」（富士重工）が継承している。

私の父昭二は、昭和二年生まれであった。旧制中学在学中は「学徒動員」により、既述の中島飛行機太田工場での勤務を体験している。また、中等学校で「軍事教練」（学校教練）を受けた末期の世代といえよう。陸軍士官学校（陸士）を受験したというが、不合格であったという。中学卒業は敗戦の年、二〇年三月であった。その後、地元の群馬師範（群馬師範学校、現在の群馬大学共同教育学部）で心理学を学び、群馬での教員生活（義務教育）に入った。敗戦後の民主憲法の下で、労働運動・組合運動が大きく高揚していった時代であった。

教育界では昭和二九年に、いわゆる「教育二法」が成立し、教育公務員の政治活動禁止等が規定された。この法案をめぐって、日教組（日本教職員組合、昭和二二年発足）は、本格的な反対運動を展開したが、三〇年代に入ると、さらに教職員の勤務評定をめぐる問題が浮上した。これが「勤評闘争」「勤務評定反対闘争」であった。

その契機は、昭和三一年一一月に、愛知県教育委員会が勤評実施を決定したことに始まるという。この時、同県の小中高校長会は、これを拒否（反対）したとされている。当時の群馬は、「西の高知」と共に「東の群馬」と称され、激しい闘争が展開されたという。群馬の教育界は根底から揺れ動いたのである。ちなみに「西の高知」は、周知のように、かつての自由民権運動の旗手であった、旧土佐藩士板垣退助の地元であった。

また三一年六月には、「新教育委員会法」が公布され、教育委員は公選制から現在の任命制に変わっていた。これは地方教育行政の原則を大きく後退させたともいわれており、翌三二年九月には、文部省が「教員勤務評定制度」の趣旨を徹底する旨を通達した。さらに同一二月、全国都道府県教育委員長協議会が、「教職員の勤務評定試案」（全国教育長協議会作成）を承認し、翌年度からの実施方針を決定したのである。

これに対して、日教組は勤評闘争を強化し、「非常事態宣言」を発表した。こうして、全国各地で勤評反対運動が開始され、当時の総評（日本労働組合総評議会）も、同様に全国的な反対運動を展開することになる。この間、三二年一月には、群馬榛名の相馬ヶ原の米軍演習場（榛東村、現在は陸上自衛隊演習場）で、薬莢拾いの農婦が米兵ジラードに射殺されるという、「ジラード事件」が発生している。これは国会でも問題化され、マスコミによる駐留米軍への批判も、全国各地で激しくなった。当時の新聞は、「犬猫の射殺同然」と報道した。

群馬県教育委員会は、既述の協議会決定を受けて翌三三年五月、県・市町村立学校職員の「勤務評定規則」を制定し、同年末には公立学校職員の「勤務評定」が実施された。他方、文部省は八月、「道徳教育」義務化のための施行規則を改正し、翌年度から実施した。また政局は、岸信介内閣の下で、「六〇年安保」に向けて目まぐるしく動き、世論は渦巻いていった。

父は教職員組合の太田支部書記長（後に支部長らは辞任）に推薦され、固持するも、再三にわたる要請にやむを得ず就任したという。当時の組合加入率は一〇〇％に近かったという。これにより、三三年の「九・一五」「一〇・二八」「一二・一〇」などの、反対統一行動を指導することになった。とりわけ「一〇・二八」では、「群馬・高知で一〇割休暇」と記録されている。

また、「勤評反対共闘会議」の県庁座り込みに対し、警察隊が実力行使を行った。父は夜中に家に帰り、暗いうちに再び家を出るという生活が連日続いた。また、警察による家宅捜索も二度受けることになったという。

こうしたなかで、組合活動中の三四年一月、父は交通事故に遭い、一週間死線を彷徨うことになった。結局、命は取り留めたものの、視野障害に苦しむことになる。同月には、群馬県教育委員会が『道徳教育の手引き』を刊行し、翌二月には、県教委により、勤評反対闘争の責任者二三名が処分（うち七名解雇）された。このなかに父（停職六ヶ月）も含まれていたのである。

また三四年四月には、「安保改定阻止第一次全国統一行動」が実施された。前橋市では翌三五年一月、「安保阻止県民大会」が開催されているが、五月には、政府が「新安保条約」を強行採決した。この安保反対デモに参加した、周知の東大女子学生が死亡したのは、翌六月のことであった。

このような戦後の激動のなかで、父は教員生活に自信を失い、ノイローゼに陥って、真剣に転職を考えたという。そこで教職を辞し、北海道の民間企業に転職するという話が浮上したようである。しかし、これは母の反対により頓挫したという。妹も生まれていたが、われわれ家族四人は、全く未知の北海道に移住することはなかった。これでひとまず、われわれと北海道との縁は切れることになる。その後、父は市の「教育相談」「障害児教育」の分野での草分けとして、教育界に足跡を残すことになるが、やがて地元での教員生活を全うし、平成二

（一九九〇）年一月、六二歳で病没した。

一方の私は、中学時代に「年間三〇冊を読む」という国語の課題が出され、その宿題を達成しようとするなかで、札幌農学校出身の白樺派、有島武郎の作品『生まれ出づる悩み』に出会った。もちろん深読みはできなかったものの、群馬にはない、北海道という大陸的な、異文化の雰囲気漂う、風土・生活に心惹かれたのである。同時に「作家」「もの書き」という職業にも、興味を抱くようになった。

そして、高校に入ると「都ぞ弥生」に憧れ、北海道での大学生活を夢見るようになった。当時は、北の大地で哲学を学びたいと思っていた。再び「北海道」の登場である。しかしながら、力不足のため大学入試には及第せず、これは叶わぬ夢に終わってしまった。こうして再度、北海道は私から遠ざかっていった。

その後三浪の末、私は祖霊に導かれるように、成城大学文芸学部に入学した。高校時代には『俘虜記』の著者で、「戦争文学」の作家大岡昇平からも、実は強い影響を受けていた。「私」が「なぜ米兵を撃たなかったのか」は、高校生の私にとって、極めて難解な問題であった。大岡は旧制成城高校（七年制、成城大学の前身）の出身であったのである。また、成城学園の創立者である沢柳政太郎も、群馬とは縁があり、明治期に群馬県尋常中学校長として赴任していた。

結果的に私は、有島の北海道から、大岡の成城への「転向」となった。両者はまた、キリスト教の影響を受けた作家でもあった。そして学部では、社会学の泰斗であった、森岡清美先生の「宗教社会学ゼミ」に所属することになった。以来、森岡先生には長きにわたり、学問の手ほどきをしていただくことになる。現在は九七歳になられたが、今なおご健在である。

とくに院生時代、森岡先生のご指導で、会津戊辰戦役（会津若松市）と西南戦役（鹿児島市）の現地調査を体験し、これを契機に「靖国問題」「戦没者慰霊の研究」に取り組み始めて、会津や薩摩と北海道との因縁が深いことを知ることになった。そして、北海道での何度かの現地調査を重ねるなかで、北海道での戦没者慰霊の問題についても、興味・関心を深めていったのである。

北海道に関する最初の拙稿は、「上野彰義隊墓碑と函館碧血碑」（1995）であった。いわゆる明治二年の「箱館戦争」（己巳戦役）の調査をもとに執筆したものであるが、これは粗末な内容であった。本格的な論考は、「近代日本における戦没者祭祀――札幌護国神社創建過程の分析を通して――」（1989）である。これらの論考は、成城大学民俗学研究所の共同研究「近代庶民生活と民俗」（代表・松崎憲三教授）に参加させていただき、その研究成果であった。単独で初めて札幌での調査を実施することができた。さらに、函館に関しては拙稿（1995）をもとに、「己巳戦役における戦死者の埋葬――東軍戦死者を中心に――」（2004）を公にした。

また拙稿（1989）は書き改め、論考「道都札幌における戦死者祭祀――札幌護国神社の創建を中心に――」となって、拙稿（2004）と共に、最初の単著『近代日本と戦死者祭祀』（2005）

に収録された。同書は、学位（博士）論文をもとに一冊にしたものである。

このように北海道に関する拙稿は四本であるが、今読み返してみれば、修正しなければならない部分も多い。したがって今回、こうした点も視野に入れながら、改めて再検討し、バージョンアップさせて、単著にしてみることにした。

本書は単著六冊目にあたり、いわば六回目の「レクイエム」（死者のためのミサ曲）でもある。四・五冊目に続き、広く一般の方々にも読んでいただけるように、「注なき文体」で企画した。森岡先生からは、「論文は体力で書くもの」であり、「論文は年に一本、著書は一〇年に一冊でよい」と、ご指導いただいたが、この宿題は何とか達成できたようである。

昨年来の新型コロナ禍のなかで、新たな写真撮影等を含めた北海道方面での再調査は、残念ながら実施できず、今までに収集した古い写真・資料をもとに執筆せざるを得なかった。相変わらずの内容であるが、読者に最新の情報を提供できず、この点は残念であった。掲載した写真は、基本的には私が撮影したものである。

後述するように、一四〇余年前の西南戦役にあたり、北海道から九州に出征した官軍屯田兵部隊は、コレラ流行によって、コレラ戦病者を出すことになった。こうした戦病者を含む屯田兵戦没者は、「札幌での最初の戦没者」となり、慰霊の対象となって、札幌招魂社（後の札幌護国神社）の祭神になっていくのである。そして現在の世界的な疫病蔓延下で、私がこうした戦病者に関連する拙著の執筆に取り組むことになったのは、不思議な因縁・巡り合わせであった。

とりわけ成城学園同窓会事務局からは、いつもご高配をいただいている。また、群馬県のご出身で『地域のなかの軍隊』を担当された斎藤信子氏（吉川弘文館編集部）、私の高・大の先輩である新井英司氏（太田金山同窓会・群馬成城会）、小・中・高の後輩である神谷大輔氏（太田市議会議員・立憲民主党）、そして、パソコン操作（オンライン授業）で四苦八苦している私の「救世主」たる富田洋二氏（元埼玉県立熊谷女子高校教諭）からも、ご厚誼を頂戴している。

今回の出版も、御茶の水書房にお世話になった。「田舎教師」の生活を続けながらも、同書房からの刊行は五冊目である。とくに同書房の小堺章夫氏には、いろいろとご厄介をおかけした。いつもながらご丁寧な対応をしていただき、お礼を申し上げたい。

二〇二一年七月七日

新型コロナ禍二年目の夏「星祭り」の日に　今井昭彦

〔追記〕県立公園「群馬の森」（高崎市）に、「朝鮮人追悼碑」が建立されている。拙稿ゲラ校正中の八月二六日、同碑をめぐる民事訴訟の控訴審（東京高裁）判決が出された。同碑の県による「設置不許可」は、「適法」とする判断であった。

「北鎮都市」札幌と戦没者慰霊

――護国神社の成立まで――

目次

「北鎮都市」札幌と戦没者慰霊

——護国神社の成立まで——

一　はじめに――「忠魂碑」は単なる記念碑なのか――

近代日本において、全国の対外戦争戦没者は、国家により基本的に、**靖国神社**（別格官幣社）に**「国の神」**として祀られた。そして地域社会においては、公的に**「忠魂碑」**や**「忠霊塔」**などに祀られた。とくに両者は、いわゆる**「ムラやマチの靖国」**と称されている。ただし、「忠霊塔」は戦没者の納骨を前提とした「墳墓」「合葬墓」とされていたから、「仏塔」であり、寺院の墓石・墓碑と同様であった。実は同塔は、「日本のお墓」をイメージして設計されたものであった。したがって、同塔に祀られた戦没者は**「カミ」**であるよりも、一般的には**「ホトケ」**であり、忠魂碑と忠霊塔の性格や実態は、大きく異なっているのである。

「忠魂」とは、『広辞苑　第六版』（2008）によれば、**「忠義を尽くして死んだ人のたましい」**とあり、国家（天皇）のために戦没し祀られた靖国神社の祭神は、まさに「忠魂」であった。その歴史については、同社が戦前に全五巻の**『靖国神社忠魂史』**（1935）として刊行している。同社の「祭神十二万八千余柱の事蹟の顕彰」を目的として、編纂されたという。同書からも、遺骨のない靖国神社は**「巨大な忠魂碑」**ということができる。同社には**大村益次郎銅像**が建つ。

戦前、**天皇は「現人神《あらひとがみ》」**とされ、この天皇親政による日本は「神の国」とされて、新たに近代

「注連縄」が張られた旧中瀬村（埼玉県深谷市）の「忠魂碑」
（乃木希典書、明治 39 年 4 月建立、中瀬神社）

における、人を神とした「**人神信仰**」が展開されていった。明治以降、国家が戦没者を天皇に準じて「カミ」として位置づけようとしたことは、この人神信仰が土台になっているのである。

そもそも、文字通り「忠魂碑」と揮毫された碑の魁は何であろうか。『忠魂碑の研究』（1984）を著した大原康男は、左記のように述べている〔大原 1984〕。

> 管見によれば、現在も岡山市は岡山城外本丸跡の**池田家廟所**にある「**官軍備州忠魂碑**」がそうではないかと思われる。（中略）明治元年の冬、当時天皇に供奉して江戸にあった**藩主池田章政**は、凱旋してきた同藩の将校たちを招いて戦況を聞いたところ、「我兵の合戦するは大小凡そ十有八にして、一も敗衂を取りたることなく、其の相武総奥各地に於て勇戦し、

死に至りしもの凡そ二十八人」と答えたので、章政は「感歎し、乃ち**高輪東善寺**に位を設け、親しく臨み、以て之を祭り、且命じて碑を作らしめ、以て之を表す」（現漢文）と。碑は高さが五尺、幅が四尺八寸、額に「官軍備州」の四文字、中央に「忠魂碑」の三文字を題し、その側に年月を書き、下方に**戦死者二十八人の姓名を列記**したものである（以下略、傍点筆者）

旧毛里田村（群馬県太田市）の「忠霊塔」
（陸軍大将鈴木孝雄書、昭和 16 年建立、毛里田行政センター）

同碑は、明治元（一八六八）年一二月二八日に建立されたというが、一説によれば、大正期の関東大震災で東善寺が被災し、同碑も損傷したため、安全に保存するため岡山城址に移転されたものだという。

　こうした忠魂碑に関して、大原は次のように語っている〔大原 1984〕。

　忠魂碑の除幕式や碑前で行われる**招魂祭**が、碑の前に神籬を立て、その前に祭壇を設けた臨時の斎場にその都度招霊（神）して祭祀を行ない、祭典が終了すれば、招かれた霊や神は再び帰っていく、というものであった。そこには忠魂碑に戦死者の霊を鎮祭するような特別の祭儀は何もなく、**忠魂碑はただの記念碑**以上のものではなかった。

さらに、左記のようにも述べていた〔大原 1984〕。

（前略）**護国神社**でさえも**靖国神社の分社**でも何でもないのであるから、ましてや単なる記念碑にすぎない**忠魂碑**が靖国神社の分社であるはずがない。

このように大原は、「忠魂碑」はあくまでも「単なる記念碑」であるとし、「祭祀施設ではない」として、その宗教性を完全に否定している。そして全国各地の護国神社も、靖国神社の分社などではないと断言し、忠魂碑と靖国神社との関係も無縁であるとしている。

これは果たしてそうなのだろうか。あるいは、そうであるとしたら、既述の靖国神社による『靖国神社忠魂史』とは、一体何を意味しているのであろうか。ちなみに、筆者の地元である群馬県（以下、本県とする）では、**群馬県護国神社**の創建は昭和一六年一一月であったが、同社の創建に向けて三年前の一三年五月、「靖国神社**分社**建立期成会」が発足していた。

戦没者の「**荒魂**《あらたま》」が、忠魂碑にどの程度留まっているかは別にしても、「招魂祭」という宗教行為・宗教行事を執行するにあたり、忠魂碑は魂の重要な「依代《よりしろ》」として、つまり宗教施設として機能しているのである。既述の備州忠魂碑も、当初は寺院境内に建てられ、戦没者の氏名を刻印した墓碑であり、「以て之を祭」った慰霊碑ではなかろうか。慰霊により、荒魂を「**和魂**《にぎたま》」に転化させようとしたのである。どう考えても宗教施設に他ならないだろう。

「**記念碑・記念施設**」であることと、「**宗教施設**」であることとは、何ら矛盾するものではない。そもそも「忠魂」を祀った靖国神社も、戦争の記念施設であり、かつ宗教施設であった。

かつて宗教学の洗建は、次のように言及していた〔洗 1992〕。

たとえば神職によって司式された神式の地鎮祭が「建築着工に際しての世俗的な社会儀礼」であるとか、地蔵像が「街の風物詩」に過ぎないとか、神職や僧侶によって司式された**忠魂碑前の慰霊祭**が「人間本来の倫理観を表出する**社会儀礼**であって**宗教ではない**」などという判断が裁判所によってくだされているのである。これらが**宗教学**からみて〔あるいは**常識的**にも〕**奇妙な判断**でないわけがない。宗教学ではこれらの現象が宗教ではないなどと考えられたことは一度もないのではなかろうか。なぜこのような奇妙な判断が導かれたか、宗教学からもっと関心が寄せられるべきであろう。

この指摘は、明らかに「神社は宗教である」にも拘わらず、「**神社は宗教に非ず**」とされた、戦前の「**国家神道**」体制下の神道・宗教について、改めて認識せざるを得なくなる。また、現民主憲法下での、「**政教分離**」をめぐる議論の重要性を喚起することにもなろう。

ところで、平成五（一九九三）年二月一六日、**最高裁**は**大阪**「**箕面忠魂碑・慰霊祭訴訟上告審判決**」において、左記のように判断した〔長谷部 1993〕。

本件忠魂碑は「元来、**戦没者記念碑的な性格**のもの」で、「神道等の特定の宗教とのかかわりは、少なくとも戦後においては希薄であり」、これを「靖国神社又は護国神社の分身（いわゆる「村の靖国」）と見ることはできない」との理由から、**その宗教性を否定する**。

ここでも、忠魂碑前での慰霊祭は「宗教ではない」ということになったが、それまで箕面市の住民である**原告**らは、

忠魂碑は宗教施設であり市遺族会は宗教上の組織または団体であるから、市によるその移設およびその敷地の市遺族会への無償貸与は、**憲法**二〇条および八九条に**違反**する。

と主張していた〔浦部 1993〕。そして、**大阪地裁**の一審判決（昭和五七年三月）では、「忠魂碑は宗教施設である」と認められた。

しかし、その後の**大阪高裁**での控訴審判決（昭和六二年七月）、および既述の最高裁判決では、

忠魂碑の宗教施設性は否定されたのである。つまり「ムラやマチの靖国」といわれながらも、靖国神社との関係は否定されることになった。

忠魂碑・忠霊塔研究の先駆者は籠谷次郎であったが、「忠魂碑は単なる記念碑である」という見解に、やはり疑義を抱いていた。籠谷によれば、この箕面の「忠魂碑」について、日露戦役後にそれを記録した「台帳」（大阪府警察部保安課の台帳）には、

大阪「箕面忠魂碑」
（『天皇制研究』第7号、JCA出版、1983年）

陸軍歩兵少佐□□□□氏〔帝国在郷軍人会箕面村分会長、氏名は略〕**日露及日独戦争ニ戦死セシ友ノ霊ヲ祭ル**

と記されているという〔籠谷 1994〕。

つまり同碑には、「日露戦役」（明治三十七八年戦役）および「日独戦役」（第一次世界大戦）での、箕面村の戦没者が祀られていた。そして現在では、アジア太平洋戦争までの、同村の**戦没者二九八名**が祀られ、地域の人々にとっては、いわゆる戦没者の「墓碑」「慰霊碑」であった。また、裁判にも関わった歴史家の大江志乃夫は、次のように述べている〔大江 1984〕。

箕面市の忠魂碑は、一九一六（大正五）年四月ころ、**帝国在郷軍人会篠山支部箕面村分会**によって建てられた。碑の表面の「忠魂碑」の題字は、当時の帝国在郷軍人会副会長・**陸軍大将福島安正の筆**に成るものである。忠魂碑の移設工事にあたり、工事の前後に施工業者は祭祀を行ったが、遺族会は移設工事開始前の儀式を**脱魂式**、移設工事完成後の儀式を**入魂式**と呼び、会員をこれに参加させた。

「脱魂式」とは魂を抜き取る儀式であり、「入魂式」とは魂を宿らせる儀式であるから、両式とも宗教行為である。同碑には戦没者の魂が宿っており、移転完了まで魂の引っ越しをしてもらうということが、遺族会の人々の認識であった。つまり「常民文化」として、同碑に魂は常住していると考えられていたのである。

さらに、大江は同碑の特徴等に関して、

（前略）大きな特徴のひとつは、正面基台中に「**霊爾**《れいじ》」として**戦没者氏名**を書きつらねた円盤を納め、その存在をしめす木柱を建てていることである。**箕面支部遺族会**は、忠魂碑移設後も毎年四月に、隔年交替で**神式と仏式とによる慰霊祭**をおこなっている。慰霊祭には、市や市教育委員会の職員が参加し、市および市教育委員会の施設（学校を含む）を提供した。

と記している〔大江 1984〕。

同碑の杉板五枚の「霊爾」には、既述の同村戦没者二九八名の氏名が記されていたという。大江によれば「霊爾」とは「御霊代」、つまり神体を意味する言葉で、それは「戦没者名簿」であり、これは明らかに、「霊爾簿」を収める靖国神社（カミ）の祭祀形態の踏襲である。ただし実態としては、神式（カミ）と仏式（ホトケ）による、**神仏習合**的な慰霊祭が実施されていた。

同碑を建立した**帝国在郷軍人会**とは、軍友会・尚武会などを前身とする、地域社会における軍部の全国的下部組織で、いわば軍部の出先機関であった。同会は**「軍人勅諭」**（明治一五年一月発布）を奉戴する、「ムラやマチの軍隊」であり、戦前の日本は、平時から国民を軍事化していっ

「明治四十四年三月十日〔帝国在郷軍人会沢野村〕分会創立記念碑」（群馬県太田市細谷町・冠稲荷神社）

た「兵営国家」であった。同会は日露戦役後の、明治四三年一一月三日の「天長節」（天皇誕生日、後の明治節、現在の「文化の日」）に発足し、初代会長は陸軍大将で、陸軍大臣の**寺内正毅**（旧長州藩士、後の元帥・内閣総理大臣）である。

　この寺内会長時代の大正三年一〇月、同会は陸軍だけの組織から、陸海軍共通の組織となり、新たに陸軍大将の副会長を置いて、実質的な会長代行としたという。この新副会長になったのが**福島安正**（旧信州松本藩士）であった。福島は、日清戦役（明治二十七八年戦役）直前に、「シベリア単騎縦断」したことで有名であった。また、役員である同会支部長には、現役将校である連隊区司令官（通常は陸軍大佐）が就任した。

　管見の限り、日露戦役後、同会により全国各地に分会が結成され、忠魂碑や**「分会創立紀念碑」**などが建立されていく。一般的には、忠魂碑の碑背に村出身の戦没者氏名が刻まれているのであるが、箕面忠魂碑の場合はどうであるのか、筆者は確認できていない。また同碑に、遺骨は納められていないであろうが、既述のように、戦没者の「荒魂」は同碑（霊爾）に宿っており、既述のように、戦没者の「墓碑」「慰霊碑」であるとも認識されているであろう。

帝国在郷軍人会は、昭和一一年九月に軍の公的機関となるが、敗戦直後の二〇年八月三〇日に解散し、その本部財産は収公された。そして翌二一年一一月一日、**「公葬等について」**（内務・文部両省次官通牒発宗五一号）が発せられ、政府は忠魂碑・忠霊塔等の戦没者のための「記念碑」等を、学校・公共施設から撤去するよう指示している。さらに同二七日の**「忠霊塔、忠魂碑等の措置について」**（内務省警保局長通牒）で、より具体的に撤去等の指示が出された。

天皇親閲を受ける在郷軍人会（群馬県）高崎支部（昭和９年11月）〔高崎市　1935〕

箕面市では昭和三〇年頃から、箕面市戦没者遺族会の下部組織である**箕面地区戦没者遺族会**が主催して、既述のように、毎年四月頃に同碑前で、神式仏式隔年交代で**「慰霊祭」**が営まれてきたという。

神職（神式）や僧侶（仏式）による「慰霊祭」は、

どう考えても「宗教行為」であるから、その対象となる同碑は、「宗教施設」であることは明白なはずであろうが、司法機関において、その宗教性は最終的に否定されることになった。つまり慰霊祭も宗教行為ではないということになったのである。こうして、洗のいう「奇妙な判断」が出されているのが現実であった。

戦前、忠魂碑や忠霊塔などは**「碑表《ひひょう》」**と称され、これを管轄する内務省の見解では、**忠魂碑は「遺骨ヲ納メザル記念碑」**とされた。つまり、遺骨を納めていないのであるから、単なる記念碑であり、宗教施設ではない、というのが当局の主張であった。いわば**「遺骨の有無」**による、極めて単純な判断でしかないように思える。こうして忠魂碑は戦前においても、表向きはその宗教性が否定されていた。

既述の大原康男の見解は、この戦前の政府の解釈に依拠しているものと推察される。既述のように、宗教施設たる靖国神社にも、「遺骨」は納められていないのであるが、同社の祭神を「忠魂」としながらも、それを祀る「忠魂碑」を宗教施設とは認めなかったのである。これはあたかも、「神社は宗教に非ず」とする論理・見解と同様で、実際には数多くの矛盾を孕んでいたといえよう。

ところでここで留意すべきは、「忠」の文字を冠した碑表は、必ずしも「忠魂碑」だけではないということである。管見の限り、**「表忠碑」「誠忠碑」「彰忠碑」**などというものも確認できる。

例えば、本県での事例によれば、これら彰忠碑などは忠魂碑と同様に、戦没者のみの碑である場合もあるが、むしろ出征者・凱旋者等の氏名などが共に刻まれている事例が一般的である。つまり、戦没者だけではなく、戦役に関わった村の人々の碑、つまり「日露戦役紀（記）念碑」などと同類であった。ここが「忠魂碑」と異なる点である。碑表の題号に何と刻まれているのか、その金石文字には充分に注意を払う必要があろう。詳細については、拙著（2005、2018、2020）を参照されたい。いずれにしても、戦没者碑が全て忠魂碑というわけではないが、少なくとも忠魂碑は戦没者碑といってよいのである。

周囲に「砲弾」を巡らした旧後閑村（群馬県安中市後閑）の「彰忠碑」〔福島〕安正書、大正５年 11 月３日に帝国在郷軍人会後閑村分会が建立。当日は「明治節」で「立太子礼」〔皇太子即位〕挙行日。後閑会堂）

なお、本県勢多《せた》郡**粕川村**（前橋市粕川町）の、**「日露戦役紀念碑」**（**戦死者五名**・従軍者一二四名）の**除幕式**（明治四〇年四月三日、当初は村役場に建立）では、**村民・軍人**のみではなく、宗教者である**神官・僧侶**も出席していた。同村の奨（尚）武会による建立であるが、単なる「紀念碑」ではあっても、戦死者・戦没者氏名が刻まれていれば、人々は**慰霊碑・墓碑**として認識したのである。

すでに「はしがき」で言及したが、筆者の最初の単著『近代日本と戦死者祭祀』（2005）に収録されたのが、拙稿「道都札幌における戦死者祭祀

旧粕川村の「日露戦役紀念碑」
（陸軍大将桂太郎書、明治 40 年「紀元節」〔2 月 11 日〕建立、粕川小学校隣接地）

――札幌護国神社の創建を中心に――」であった。これは、明治一〇（一八七七）年の西南戦役での官軍戦没者、つまり屯田兵戦没者の慰霊碑たる**「屯田兵招魂之碑」**（明治一二年九月落成）を起源とし、**「忠魂碑」**を経て**「招魂社」**に至り、**「護国神社」**に発展した**札幌護国神社**（札幌市中央区）について、再度論及したものである。これは、戦没者が寺院において「ホトケ」ではなく、靖国祭祀に準じて「カミ」として祀られていった、地方における典型的な事例であった。

全国各地の**護国神社**は、**靖国神社の分社**（**末社**）であり、地方における「巨大な忠魂碑」であって、戦没者を祀る「招魂碑」や「忠魂碑」は、単なる「記念碑」ではなく、明らかに「宗教施設」である、という観点からの検証であった。これはまた、既述の司法判断に対する反証でもあった。

今回改めてこうした点も念頭に置きながら、**「北鎮都市」札幌**を中心とした戦没者慰霊に関して、再検証してみることにしたい。

なお、**歴史教科書**によれば、明治二年五月一八日の「箱館の戦い」（箱館戦争）を以て、「戊辰戦役」（戊辰戦争）は終了するが、**明治二年は巳年**であったため、地元北海道ではこの戦いを「己巳《きし》役」「己巳戦役」と称し、戊辰戦役とは区別している。また、新政府の論功行賞でも、両者を区別しているのである。これは**金石文**資料でも同様であった。

したがって本書においても、こうした当時の呼称を使用することにしたい。ただしそのなかには、「支那事変」や「大東亜戦争」のように、差別的・偏向的な意味を有する用語もある。筆者は日本の戦前の時代、あるいは帝国主義政策を容認する立場ではないが、これらも**「歴史用語」**として取り扱うことにしたい。また、軍隊の「編制」に関しても、複雑であるので「編成」に統一したい。

鹿児島県護国神社（鹿児島市草牟田）

二　戊辰・己巳戦役と招魂社創建

近代日本の幕開けとなる「戊辰の内戦」、つまり**「戊辰戦役」**は、慶応四（一八六八）年一月三日の京都**「鳥羽伏見の戦い」**を嚆矢とする。そして、いわゆる**「薩長土肥」**を中心とした、討幕軍たる**西軍（新政府軍・官軍）**は、「錦の御旗」を掲げて、東国に向けて侵攻を開始した。「天皇の軍隊」たる、官軍の象徴としてのこの旗は、後の陸軍軍旗のルーツとなる。これに対して、**東軍（旧幕府軍・賊軍）**は西軍を迎え撃つ形となった。なお、明治五年までは旧暦である。

慶応四年四月一一日、東軍の総本拠地たる**江戸城**（後の**皇居**、北緯35度）は、「無血開城」（江戸無血開城）したものの、翌閏四月を経た五月、**東軍彰義隊**が奮戦した**「戊辰上野の戦い」**を皮切りに、関東での戦火が本格化していく。

一方、越後・東北では、すでに戦火が広がっており、東北諸藩らは**仙台藩**（外様、内高一〇〇万石、城址は仙台市（北緯38度））と、**米沢藩**（外様一五万石、城址は山形県米沢市（北緯37度））を盟主とし、軍事同盟たる**奥羽越列藩同盟**を結成（慶応四年五月）し、西軍に対抗して激戦を展開していくことになった。

しかし、東軍の本拠地で「朝敵・賊軍の巨魁」とされた、**会津藩**（家門、藩祖は保科正之（家康

「戊辰役東軍　戦死者霊位」
（京都市伏見区納所・妙教寺）

「鳥羽伏見戦跡」碑
（京都市伏見区中島秋ノ山町）

東軍上野彰義隊墓所（東京・上野公園）

西軍の「御親兵十津川隊　戊辰役戦没者招魂碑」
（新潟県護国神社・戊辰役殉難者墓苑、新潟市西船見町）

会津鶴ヶ城址

孫）、実高約七〇万石、城址は福島県会津若松市（北緯37度）の、**鶴ヶ城**（**若松城**）が落城（明治元年九月二二日）したことで、西軍の実質的な勝利となった。会津城下に最初に突入した西軍部隊は、薩長ではなく、土佐藩士**板垣退助**（後の自由党総理）率いる土佐藩兵であった。

この**会津鶴ヶ城攻防戦**（**会津戊辰戦役**）での西軍戦没者は**約三〇〇名**、対する東軍戦没者は**約三〇〇〇名**とされている。通説によれば、**西軍墓地**は直ちに造成されるが、東軍戦没者の遺体は**埋葬が禁止**され、何ヶ月も山野や路傍に捨て置かれたといわれている。

この間、慶応四年八月二七日、**明治天皇**（睦仁《むつひと》、孝明天皇第二皇子）が一六歳で即位し、翌月八日に元号は明治となり、「一世一元の制」が制定された。天皇は後に「明治大帝」と称されることになる。既述の「鶴ヶ城落城日」は、**天長節**（天皇誕生日）に合わせていた。

会津戊辰戦役後、東軍の一部（徳川脱走軍）は蝦夷《えぞ》地**箱館**（函館市、北緯41度）に渡り、最後の干戈を交えることになった。つまり、旧幕府軍艦奉行の**榎本武揚**《たけあき》（幕臣子息、後の駐露特命全権公使・海軍卿）らの一軍は、**箱館五稜郭**（元治元年六月竣工、城址は函館市五稜郭町）を本拠地とし、

会津東明寺西軍墓地（会津若松市大町）

会津長命寺の東軍「戦死墓」
（明治11年11月建立、会津若松市日新町）

新政権の樹立をめざした。五稜郭は幕末期に、「日本初の西洋式城郭」として幕府が建設し、同地に箱館奉行所を移転したのである。

しかし、翌明治二年の「**己巳《きし》戦役**」（**箱館の戦い**）では、同五月一八日に五稜郭が落城したことで、東軍は敗北し、足かけ二年にわたる戊辰以来の内戦は、漸く終焉したのである（明治五年までは旧暦）。この己巳戦役での西軍戦没者は**三〇〇余名**、東軍戦没者は**約八〇〇名**といわれている。

会津藩の支配下にあった、**新選組**副長の**土方歳三**（武蔵国多摩郡の農家子息）も、東軍幹部（陸

旧米沢藩（山形県）の「招魂碑」
（同藩の戊辰戦役東軍戦没者 280 余名・西南戦役官軍戦没者 52 名を祀るため、米沢城址に明治 11 年 4 月建立。後に日清・日露戦役戦没者も合祀される。撮影・清水晃）

五稜郭タワーから眺めた「五稜郭」

26門備えた「開陽丸」（2590トン）の大砲
（同右）

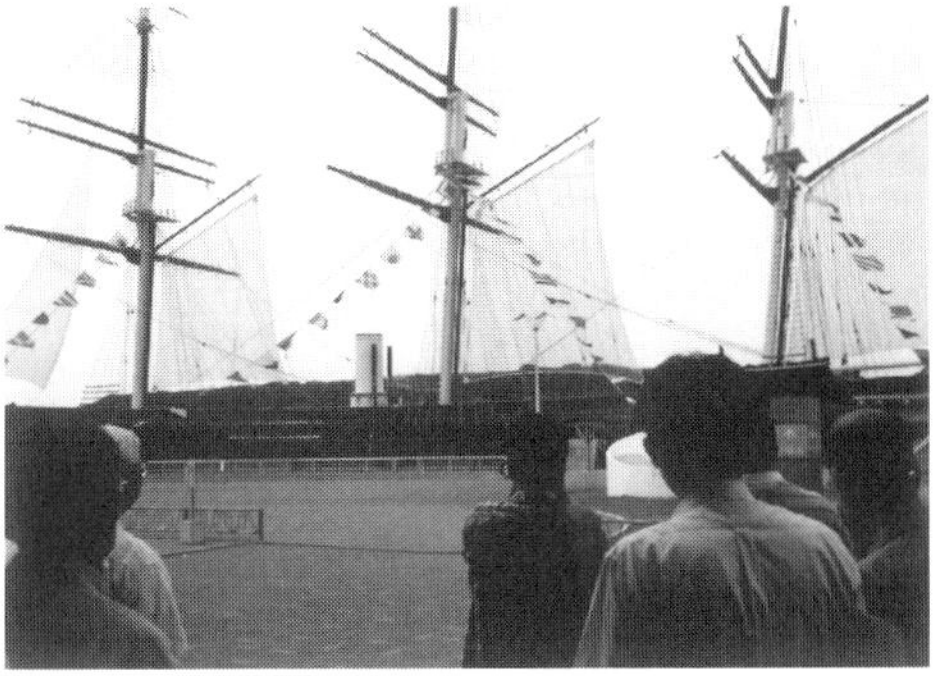

東軍の旗艦（オランダ製）であった復元された「開陽丸」
（北海道江差町・幕末の軍艦開陽丸記念館）

「土方歳三最期之地」碑
（函館市若松町）

「開陽丸」の砲弾
（同上）

旧官修墓地（海軍墓地）に建つ西軍の「己巳役海軍戦死碑」
（戦死者72名。明治6年12月建立、函館市船見町）

軍奉行並）として箱館で戦没している。土方は「鳥羽伏見の戦い」以来、転戦を繰り返していた。なお、土方の遺体はどこに埋葬されたのか、今だに不詳であるという。

こうした「戊辰・己巳戦役」での官軍戦没者のみを祀るため、遷都後の**東京九段**には明治二年六月、長州藩士**大村益次郎**（七月初代兵部大輔、明治二年没）らにより、**東京招魂社**（後の**靖国神社**、千代田区九段北）が創建された。同社は、**皇居**（千代田区千代田）の西北に位置する「**神門**《しんもん》」にあたり、「皇居を守護」していることになるという。「国の神」として祀られた同社最初の合祀者（**第一回合祀**）は、官軍**三五八八名**であった。このなかには唯一の女性、**山城美与**（秋田藩農婦）が含まれていた。山城は「最初の靖国女性祭神」となる。

靖国神社（1999）によれば、「維新前後殉難者」の合祀者は**計七七五一柱**であが、同社に祀ら

上野の彰義隊を睨む大村益次郎銅像
（靖国神社）

靖国神社

靖国神社の「元宮」（旧招魂社）
（文久３年７月に討幕派が京都祇園社〔後の八坂神社〕境内に創建）

靖国神社の菊花紋章を付した「神門」

函館護国神社（旧汐見〔箱館〕招魂社）

れたのは戦没者の「荒魂」のみで、遺体・遺骨や墓地はない。また、神社の祭神は固定されているのが通例であるが、招魂社の祭神数に定数はなく、しかも、祭神数は戦没者数に比例して「無限に増えていく」ことになった。これは近代に創設された、新たな神社祭祀の形式であった。一方、東軍戦没者は**「朝敵・賊軍」**として、靖国（国家）祭祀から排除されていく。

己巳戦役で最大の激戦が展開された箱館では、明治二年八月、既述の官軍戦没者三〇〇余名（異説あり）を「カミ」として祀る、**汐見《しおみ》招魂社**（**箱館招魂社**、後の**函館護国神社**）が、箱館山（三三四メートル）中腹に創建された。同社は「箱館の守護神」と位置づけられた。

同社入口には**「新政府軍（官軍）墓地」**（**官修墓地**）が造成され、遺体は**「土葬」**された。境内には**「招魂場」碑**（清水谷公考（箱館府知事）書）が建立されている。山肌を削る同社の創建作業には、東軍捕虜が使役されたという。保科智治によれば、東京招魂社とは異なり、西軍戦没者の遺体が埋葬され、**墓碑五九基**が現存する。合葬墓もあるから、**埋葬者は六〇余名**ということになろうか。

一方、同戦役でも、東軍戦没者の遺体は埋葬を禁じられたという。箱館は二年九月に「函館」と改称されるが、「招魂場」も後に「招魂社」と改称される。

また、「道内唯一の藩」が置かれていた**松前藩**（**福山藩・館藩**、外様三万石、城址は松前郡松前町）は、箱館の西南にあり、己巳戦役では**官軍**に与した。**松前城**（**福山城**）は日本最北に位置し、和式で造られた日本最後の城であった。同藩の経済は、蝦夷地交易によって成立していたが、海岸防備のため、城の周辺には七ヶ所の台場が設けられていたという。同藩は激戦地に二つの招魂社

函館護国神社入口の「新政府軍（官軍）墓地」

「招魂場」碑（函館護国神社）

を創建している。

一つは、日本海側の江差（檜山郡江差町）に、明治二年五月に創建された**江差招魂社**（**檜山招魂社**、境内は二八二坪余、後の**江差**（**檜山**）**護国神社**）である。松前藩二六名・長州藩一八名以下、西軍戦没者**九二名**を「カミ」として祀るため、高台の相撲取山（松之岱、約七〇メートル）に建

函館の「旧官修墓地」（新政府軍墓地、函館市神山・大円寺）

松前城（福山城）址

てられた。同地には、棺桶に入れられた遺体も埋葬（土葬、墓域は二九四坪余）されているという。もう一社は、同九月に松前城下の神止山《かみどめやま》（一五四メートル）中腹に創建された、**福山招魂社**（後の**松前護国神社**）である。同地に「官修墳墓（墓地）」が造成され、西軍戦没者**六〇名**を合祀（土葬）している。とくに福山招魂社祭神の「松前藩歩卒妻」たる**川内美岐**は、鋏で喉を突き自害したと

檜山護国神社（旧江差〔檜山〕招魂社）

松前藩戦没者墓碑（檜山護国神社）

檜山護国神社の「忠魂碑」
（陸軍大将子爵大迫尚敏書、「明治維新 50 年」にあたる大正 7 年 8 月 1 日建立）

いうが（異説あり）、己巳戦役での「最初の靖国女性祭神」となっている。ただし、東京招魂社と同様に、両社とも東軍戦没者は祭神になっていない。

　これら北海道の三社の共通点は、既述のように、境内に官軍戦没者の墓地（新政府軍墓地・官軍墓地・官修墓地）が造成されたことである。靖国神社に遺体はないが、三社は遺体を埋葬した**「招魂墳墓」**であった。こうした招魂墳墓は、後の**「陸軍埋葬地」（陸軍墓地）**の原型と考えられよう。

　招魂墳墓の典型としては、いわゆる**「幕末の志士」**たちを埋葬し、墓碑が林立する、**京都霊《りょう》山《ぜん》招魂社**（慶応四年七月創建、後の**京都霊山護国神社**）が挙げられる。同社の創建は、東京招魂社よりも早く、いわゆる**「創建神社」**の嚆矢といえよう。「幕末の志士」たちは、幕府の仏式による埋葬・葬儀を嫌い、神式によるそれを推奨したという。

明治新政府は当初、この霊山招魂社（後に官祭）を全国の慰霊センターにする予定であったが、東京遷都により、東京招魂社がこれに代わったのである。霊山招魂社の祭神であった**三八〇〇名**（少数の女性も含む）も、やがて東京招魂社に合祀されることになった。こうした**神式・神葬祭**の形態に倣い、全国各地に招魂社が創建されていく。

なお、既述のように、靖国（国家）祭祀から排除される、函館の東軍戦没者約八〇〇名の遺体は、

旧京都霊山招魂社（京都霊山護国神社）

坂本龍馬（中央）と中岡慎太郎（右）の墓碑
（京都霊山護国神社）

会津戊辰戦役時と同様に、当初は西軍から**埋葬が禁止**され、市中に晒されていたという。しかし、こうした惨状に憤慨した地元の侠客で、江戸出身の**柳川熊吉**（もと新門辰五郎の配下）らにより、東軍戦没者の埋葬作業が実施された。

その後、己巳戦役三回忌にあたる明治四年、東軍の遺体は函館山南東部の山腹である、谷地頭

招魂墓碑（京都霊山護国神社）

対外戦争の「戦没者慰霊碑」「顕彰碑」（京都霊山護国神社）

（函館市谷地頭町）に改葬された。そして七回忌の八年には、同地に**「碧血《へっけつ》碑」**が建立されている。「碧血」とは、「義に倒れた志士の血は三年たつと碧に変わる」という、中国の故事から採られたものであった。

同碑には世を憚って、碑背に「明治辰巳実ニ此事アリ」とのみ記されたが、同碑には、「戊辰以来戦死之霊爾」と刻まれた**位牌**が納められていたといわれている。そうであるならば、同碑は戊辰・己巳戦役における「全東軍の慰霊碑」であり、**「東軍の靖国」（仏式）**ともいわれている所以である。

「碧血碑」

新谷尚紀によれば、**石塔**が「死者供養」の装置として導入されるのは、江戸時代中期以降のことで、「葬る」という行為によって作り出された、宗教的・社会的装置ということになろう。

東京招魂社は、近代の「創建神社」の典型であり、いわゆる**「官祭招魂社」**の頂点に立つものであった。明治八年四月二四日、政府は**「招魂社経費並墳墓修繕費定額ニ関スル件」**（太政官達六七号）を発し、維新殉難の招魂社と墳墓のうち、官祭招魂社・官修墳墓と定められたものは、その官祭・官修の一切の費用は官から支給されることとなった

とされた〔薗田・橋本 2004〕。

つまり国庫から経費が支給される、「官祭招魂社」や**「官修墳墓」**が指定されるのである。官修墳墓（墓地）に関しては、全国で**一〇五ヶ所**とされているものの、戊辰・己巳戦役の場合のみに限定されていたようである（日本の敗戦後に廃止）。したがって、官祭招魂社についても、これに準じたものであったのだろう。さらに同一〇月、内務省は東京府を除く各府県に、**「招魂場」**の名称は、全て**「招魂社」**に改称するよう通達している。

こうして、既述の北海道の三つの招魂社は、「官祭招魂社」に指定された。これに対して、地域社会で維持管理していく招魂社は、**「私祭招魂社」**と称され区別されたのである。かつて筆者は拙著（2005）にて、江差・福山の両招魂社は私祭招魂社であったと考えられる、と述べた。しかし、

官祭招魂場（所）は**江差**相撲取山のほか、城下**福山**・**函館**に造営された

とある〔江差町史 1983〕ことから、ここに修正したい。全国の招魂社には、この二種類が存在した。

三　屯田兵の入植と西南戦役

幕政時代の箱館奉行（所）は、江戸開城直後の明治元年四月、新設された箱館裁判所に移行する。しかし翌閏四月には、同裁判所は箱館府（知事は清水谷公考）と改称した。そして己巳戦役後の同八月五日には、**箱館府兵（在住隊・新兵隊）**が**函衛隊**（二年後に**護衛兵**）と改称した。さらに同一五日、蝦夷地は**「北海道」**と改称している。また、「唐太」「柯太」などと表記されていた北蝦夷地は、**「樺太」**と改称され、北海道には新たに一一国八六郡が置かれたのである。また、奥州一関・佐賀・水戸などの諸藩や寺院等にも、道内の領地が割渡されたという。

この八月一五日は後に**「開道記念日」**となるが、北海道という名称は、古代天皇制における五畿七道の行政区画に倣ったもので、これは蝦夷地が近代天皇制の統治下に入ったことを意味していた。そしてこの北海道の歴史は、屯田兵入植の歴史でもあった。したがって**「北鎮都市」札幌**の歴史も、屯田兵と深く関わっていくことになるが、屯田兵の歴史はかなり複雑であった。

明治新政府は、周知のように**「薩長土肥」**の政権といわれるが、欧米列強に追いつくため、その合い言葉は**「富国強兵」**と**「殖産興業」**であった。そこで新天地北海道を生活に窮していた士族に開拓させ、「授産地」として提供する**（士族授産）**と共に、彼らを北海道の警備に当たらせることが図られた。北海道は**「皇国の北門、最要衝の地」**と位置づけられ、「蝦夷開拓ハ皇威隆替ノ関スル所」とされたのである。**「内国植民地」**たる北海道の始まりであった。

伊藤智永によれば、北海道開拓の労働力としてアイヌ人・戊辰戦役の敗者・自由民権運動の囚人・都市に流れた農村下層民らが投入された。下って、昭和期の日中戦争の拡大で人手不足になると、新たに朝鮮人が連行され、太平洋戦争期には国策で中国人が拉致されて、働かされたという。北海道での強制動員は、推計約一四万五〇〇〇名といわれている。

当初の新たな開拓推進のための、臨機で独自な地方行政機関として、**「開拓使」**が明治二年七月八日の**「二官六省の制」**と共に発足し、旧徳川家菩提寺であった東京芝の**増上寺**（浄土宗、港区芝）内に設置された。東京招魂社創建の翌月のことである。これにより箱館府は廃止された。開拓使初代長官は、それまで開拓督務の職にあった前佐賀藩主**鍋島直正**（佐賀藩は外様三五万七〇〇〇石）で、長官は諸省卿と同格であった。既述の「北海道」「樺太」への改称も、開拓使によるものであった。

開拓使による最初の組織的な北海道移民は、二年九月、東京府下で募集した**農工民約五〇〇名**（異説あり）を、根室・宗谷・樺太に移住させたことであったという。ただし、これは府下の浮浪民対策の性格が強く、開拓使側の立案によるものかどうか問題があるという。そしてこの移住は結局、入植地の条件も悪く、殆ど失敗に帰しているという。

また、これに先立つ二年七月には、旧幕府の大友亀太郎（相模出身、二宮尊徳門弟）が軍務官（兵部省）の石狩国開拓係に転じて、**「会津降伏人（降人）開墾場」**を造成している。つまり、戊辰戦役で降伏した会津藩士ら一万七〇〇〇名のうち、その大部分を、まず北海道開拓に振り向けようとしたのである。

とくに会津降人の移住（処遇）に関しては、既述の「二官六省の制」により、太政官などと共に発足した**兵部省**（後の陸・海軍省）が担当することになり、その主導権をめぐって、開拓使との間で軋轢が生じていったという。二年九月には、兵部省が会津降人二〇〇〇戸を**小樽**に移したと

「南部藩ヲシャマンベ陣屋跡」
（当地は分屯所で約 20 名の藩兵が駐屯していたという。
北海道長万部町・飯生神社）

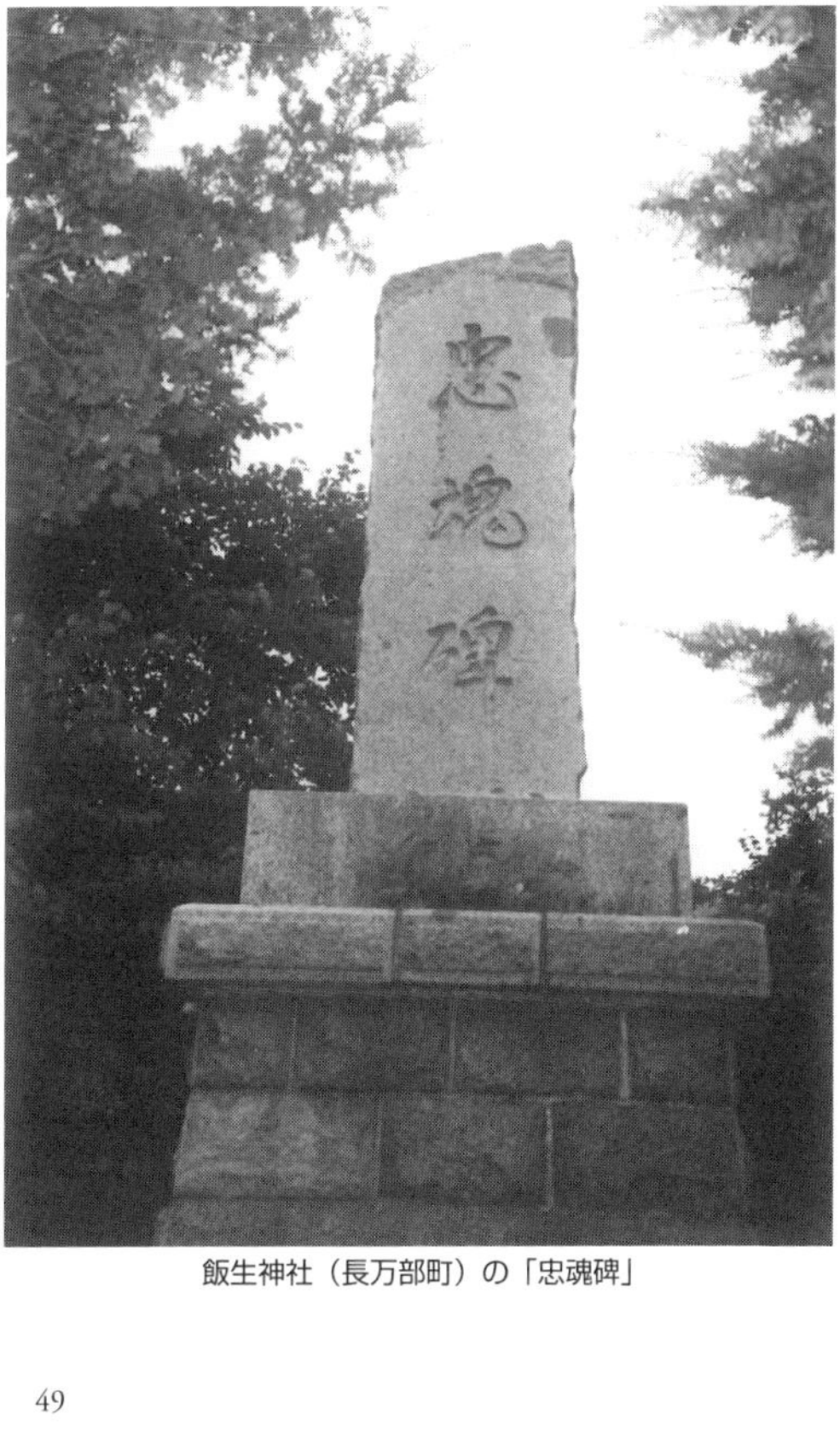

飯生神社（長万部町）の「忠魂碑」

「史跡　白老仙台藩陣屋跡」
（100 名以上の藩兵が駐屯していたという。北海道白老町）

もいわれている（明治四年に一六九戸が余市郡に移る）。当時の兵部省は、石狩・発寒・小樽内を含む地域を、「田代国」と称していた。

もっとも、東北諸藩と蝦夷地との関わりは深かったのである。藩政時代、幕府からの派兵命令により、東北諸藩は**「北の防人《さきもり》」**として**蝦夷地警備**を担当してきた。その契機は寛文九（一六六九）年の、アイヌ人との戦い（**シャクシャインの乱**）であったという。アイヌ人は和人の横暴・支配に対して、「反和人、反松前藩」を掲げて蜂起したのである。この際、松前藩を支援するため、**南部藩**（**盛岡藩**、外様一〇万石、城址は盛岡市）と**津軽藩**（**弘前藩**、外様四万七〇〇〇石、城址は弘前市）が出兵した。反乱は鎮圧されたが、以来、両藩は警備活動に関わり、蝦夷地に**陣屋**を設置して、また蝦夷地に領地も与えられた。

その後、度重なるロシア船の襲撃等がおこると、とくに文化四（一八〇七）～五（戊辰）年には、大規模な警備活動が展開された。この時、南部・津軽両藩の他に、**会津藩**は約一六〇〇名、**仙台藩**は約二〇〇〇名の藩兵を派遣し、そのうち会津はカラフトに七〇〇名、仙台もエトロフに七〇〇名出兵している。以来、両藩兵も何度か蝦夷地に駐留することになり、また領地も与えられた。後に幕末の「奥羽六藩分知」となるが、諸藩への負担は大きく、厳寒の地で多くの病没者等を出すことになった。

こうして会津藩等と蝦夷地とは、すでに戊辰戦役の六〇年前に有縁の糸で繋がっていたことになる。現在、宗谷岬や利尻島・焼尻島には、当時の**「会津藩士の墓碑」**が確認できるという。

「人馬も入れざる」といわれた悪路を開拓し、石狩の地に平安京に倣って**本府札幌**（**札幌市**、北緯43度）の街造りが、佐賀藩士で開拓判官**島義勇**によって開始されたのは、明治二年一〇月のことであった。

「開拓三神」の霊代を背負った島義勇銅像
（札幌市・北海道神宮）

同月、島判官は**「開拓三神」**（オオクニタマノカミ・オオナムチノカミ・スクナヒコナノカミ）の**霊代**《たましろ》を背負い、函館から石狩に向かった。同地には和人が二家族

「佐賀の役　殉国十三烈士の碑」
（佐賀市城内・佐賀城公園）

ほどと、アイヌ人の家が数戸あっただけといわれ、当時の同地の人口は、九戸・一三名と記録されている。翌三年四月には、第二回目の開拓使召募移民一〇〇戸余が、札幌周辺に入地し、札幌村などが開かれたという。このように、北海道開拓は佐賀藩とも関わりが深かったのである（札幌市制施行は大正一一年八月）。

しかし、かなり保守的であったという島判官は、その「独断専行」を理由に翌三年一月、帰京を命じられている。そして四年後の七年二月、同じく旧佐賀藩士で、元参議・初代司法卿の**江藤新平**と共に、郷里九州で決起して**「佐賀の乱」（佐賀の役）**をおこした。これにより島は**「賊軍・賊徒」**となって、江藤と共に「除族の上、梟首（晒し首）」となり、戦没している。江藤は文部省の設置にも尽力し、多くの人材を登用したといわれている。同役での官軍戦没者**一九二名**のみが、東京招魂社に合祀**（第二回合祀）**された。

島は土佐出身（藩士）の開拓判官、**岩村通利**（後の北海道庁長官・農商務大臣・貴族院議員）とも不仲であったといわれ、さらに、佐賀権令として反乱軍の処罰を命じたのは、岩村の実弟である岩村高俊（後の宮中顧問官・貴族院議員）であった。「薩長土肥」とはいいながらも、島は岩村兄弟とも悪因縁の関係にあった。

開拓使が初めて策定した移民関係規則は、二年一一月の「仮移民扶助規則」（移民扶助仮規則）とされているが、翌一二月には仙台藩の支藩たる、**白石藩**（片倉家、外様一万八〇〇〇石、城址は宮城県白石市（北緯38度））の家臣二〇七名が、望月寒《もつきさつぷ》に入植（後の白石村）している。その後、四年七月の**廃藩置県**を経て、六年一二月からの秩禄処分により、会津降人ら以外にも多数の没落士族が出現することになった。

江藤・島ら佐賀軍を祀る「万部島招魂碑」
（佐賀市水ヶ江・万部島公園）

明治三年五月、薩摩藩士の**黒田清隆**（兵部大丞、後の陸軍中将・内閣総理大臣・枢密院議長）が開拓次官に任命され、かつ樺太専務となった。**樺太開拓使**の発足は、三年二月である。そして翌四年三月、米国の農政家ホラシ（ホーレス）・**ケプロン**が開拓使顧問に就任し、北海道開拓は、米国が開拓モデルとされていく。近代化のためには、外国の学術・知識の導入が不可欠であった。

東京の開拓使は四年三月、「掟」を布達し、「農事奨励」「若者の結党禁止」などを指示した。例えば養蚕勧誘のために、札幌郡に「養蚕室」を設け、上州（後の群馬県）より教師を雇っている。そして同五月には、開拓使を札幌へ移転し、同地に**開拓使庁**が設置された。開拓使庁には刑法掛と病院掛も置かれ、札幌において前者は警察組織の、後者は病院組織の起源とされている。さらに、函館と根室には出張開拓使庁が置かれたが、樺太開拓使は同八月に廃止され、開拓使に合併された。また開拓使は同一〇月、札幌に「最初の官立学校」たる**資生館**を創立し、皇漢学を教えている。ただし、黒田は開拓次官でありながら、東京を離れようとはしなかったという。

四年春頃には山鼻村に、札幌市中における「最初の共同墓地」たる、**暁野《あけぼの》墓地**（後の曙小学校敷地）が開設された。また同五月には、屯田兵村ではないが、札幌村・稲穂村・丘珠《おかだま》村・円山村・平岸村・月寒村・対雁村などが誕生し、月寒村には**月寒墓地**（豊平区月寒西）が開設されたという。屯田兵や移民の増加と共に、墓地も造成されていったのである。とくに暁野墓地は、後に**屯田兵専用墓地**（明治一〇年一一月）となる。

開拓使は四年四月の、いわゆる**「壬申《じんしん》戸籍」**の制定にあたり、先住民である**アイヌ民族**を平民に編入したが、後に、取り扱いで区別するときは「旧土人」と称する旨を布達（明治一〇年）している。開拓使のアイヌ人に対する「同化」政策は、幕政時代と全く異ならず、近代の新たな「差別」を生み出していった。そして七月の廃藩置県を経た八月、太政官は諸県および華士族・寺院等の北海道支配を廃止し、同地は完全に開拓使の管轄となった。

札幌円山の地に**札幌神社**（国幣小社、後の官幣大社）が創建されたのは、四年九月で、既述の島が運び入れた北海道開拓三神が祀られた。その前身の「一の宮」は、三年五月に建立されている。同社は「北門の鎮護、開拓の守護神」たるべく、**「北海道の総鎮守」**とされたのである。現在の**北海道神宮**（札幌市中央区・円山公園内）であった。

北海道神宮（旧札幌神社）

それまでは、**函館八幡宮**（後の国幣中社、函館市谷地頭町）が「全道の総鎮守」とされていたという。また、「内国植民地」という視点からすれば、札幌神社は近代最初の「植民地総鎮守」であったといえよう。このように**「大教宣布の詔」**（明治三年一月）を背景に、新天地北海道にも新たな創建神社が建立され、天皇を「現人神」とする、近代の国家神道政策の枠内に組み込まれていくことになった。**「天皇教」**の誕生である。

また軍事関係では四年八月、東北（仙台）・東京・大阪・鎮西（熊本）に鎮台、つまり**四鎮台**が設置された。鎮台制による鎮台兵は、対外戦争ではなく、国内の騒擾・内乱の鎮圧を目的としていた。黒田次官が師と仰ぐ、同郷の西郷隆盛（参議、後の陸軍元帥・大将）は同九月、北海道にも鎮台設置を考えていたというが、この「札幌鎮台」は実現しなかった。

そして翌五年二月、兵部省は廃され陸軍・海軍両省が設置され、同四月には、開拓使が勧農規則を定めて、組頭・百姓代を廃止し、五戸に一名の伍長を置いた。さらに同一〇月には、黒田主導による開拓使幹部会議たる、いわゆる**「札幌会議」**を経て、北海道は薩摩閥のものになったという。この結果、非薩摩の岩村判官らは辞任に追い込まれた。黒田と岩村は同世代で、ライバル関係にあったという。

全国に陸軍の**六鎮台**（仙台・東京・名古屋・大阪・広島・熊本）が設置されたのは、六年一月九日であり、翌一〇日には**「徴兵令」**が布告された。とくに近代の徴兵制度に明示された「男子の兵役義務」は、「国民の三大義務」の一つとされていく。ただし、**北海道**にはまだ徴兵令は施行されておらず、函館守備のために置かれていた護衛兵が六年五月、**仙台鎮台**下の**函館砲隊**（二〇年四月廃止）に再編されたに過ぎなかったという。

黒田次官は六年一一月一八日、政府に対して**「建白書」**を提出した。これは**「西郷ノ説ニ従ヒ之ヲ実施」**したものだというが、これを受けて早くも翌一二月二五日、太政官は開拓使管掌の**屯田兵制度**の実施を命令した。

屯田兵移住には、道内召募と道外召募があったという。とくに樺太におけるロシア人との雑居問題とロシアの南下政策に関連して**「北門の鎖鑰《さやく》」**、つまり「北の関所」として外敵の侵入を防ぐ要所の北海道に、屯田兵制度を早急に導入する意向が、もともと新政府内にあったからであろう。また**「北門の宝庫」**として、既述の「殖産興業」政策の一環としても、北海道開発が位置づけられたのである。

屯田兵制度に関しては、ロシア側から質問状が提出されており、日本政府はロシアとの関係を考慮して、警察任務を兼ねるという意味から、**屯田兵**を**「屯田憲兵」**と規定した。

屯田兵の起源は、古代中国前漢の**武帝**が辺境警備のため、開墾のかたわら守備に当たらせる士卒を配置し、これを「屯田」と称したという。こうして道内への屯田兵入植計画は、三ヶ年に一五〇〇戸（兵員一五〇〇名、家族とも六〇〇〇名）の強壮者を移住させることになった。

この間の六年六月、開拓使は公文書上、北海道を「北地」、他府県を「内地」と称することを禁止したが、**「内地」**という呼称は以後も、世間一般に使われることになる。また同一〇月には、開拓使が**「天長節」**（一一月三日、後の明治節）を「奉祝の休業日」とする旨を布達し、一一月には天皇・皇后**「御真影」**が開拓使に下賜されている。この一一月には、落成した開拓使本庁舎を市民に縦覧しているから、こうした経緯に伴う下賜であったのだろう。「日の丸」の掲揚が一般化する前に、道内では、人々が「御真影」を拝覧する儀式が定着していくという。

黒田次官は七年六月、陸軍中将に任じられ、陸軍中将兼開拓次官となって、北海道屯田憲兵事務総理となった。さらに八月には、黒田は参議兼開拓長官に任命されている。そして本州から召募する屯田兵の身分規則を、士族に限定した「屯田兵例則」は、同一〇月に制定された。屯田兵は「徒歩憲兵」に編成し、有事には速やかに戦列に加わるというものであった。

翌八年一月、政府は宮城・青森・酒田三県に対して、屯田兵の希望者を募り、太政官が北海道

琴似屯田兵屋
（琴似神社）

琴似神社（旧武早神社）

に「屯田憲兵」を設置することを正式に布達したのは、同三月四日であった。同月には、開拓使庁内に**屯田事務局**が設置される。そして二ヶ月後の五月、**最初の屯田兵予定定員二四〇名**に対して、四二名不足のまま、**「宮城青森酒田三県及ヒ管内士族等」**の一九八戸・男女（家族）九六五名が、札幌郡**琴似《ことに》村**（札幌市西区琴似）へ入植することになった。これに伴い同年、**武早《たけはや》神社**（後の**琴似神社**）が創建されている。また、屯田兵服制・徽章・旗も制定された。

「琴似屯田　授産場趾」碑（琴似神社）

また、ケプロンは「開拓使顧問ホラシ・ケプロン報文」（八年二月）・「七五年四月三〇日通信」（同四月）などを提出し、米国に帰国している。

とくに会津藩は戊辰戦役後、下北半島方面の**斗南《となみ》藩**（実高七〇〇〇石、藩庁は現在の青森県むつ市（北緯41度））に移封となり、会津藩は消滅したとされたのである。これにより、旧会津藩士は秩禄処分の対象外となった。この斗南への移封は**「日本版シベリア流刑」**というべきもので、斗南での生活は悲惨なものであったと記録されている。したがって、旧会津藩士は福島県士族ではなく、**「青森県士族」（旧斗南藩士）**という身分で、琴似に五七戸入植したという。

すでに琴似には、こうした屯田兵移住以前に入植者二〇〇余名が生活しており、村落が形成されていた。屯田兵一戸の敷地は一五〇坪で、当初の兵村配置は札幌と北辺警備を前提としており、琴似兵村で**第一大隊第一中隊**が編成された。入植すると、半年間ほど徹底した練兵訓練がなされたというが、同村の場合は、入地時に銃器が揃わなかったという。当時の全道人口は一八万名弱とされ、以来、「北鎮都市」あるいは**「軍都」**としての札幌の歴史が始まった。なお、後の陸軍において、兵隊が最も身近に接する隊長は、中隊長であったとされている。

ところで、明治初年の兵学校（所）を起源とする、**陸軍士官学校（陸士）**の創立は明治七年一一月であり、海軍操練所を起源とする、**海軍兵学校（海兵）**の設置は九年九月であった。そして周知のように、幕政期の昌平坂学問所などを起源とする、一〇年四月創立の**東京大学**（後の帝国大学・東京帝国大学）は、近代最初の官立大学となった。

一方、開拓使が置かれた増上寺には、五年四月に**開拓使仮学校**が開設され、開拓技術者養成を目的とした。同校は八年九月に東京から札幌に移転して、**札幌学校**として開校した。そして翌九年九月には、農学専門校として**札幌農学校**（教頭は米国人W・S・**クラーク**）と改称されている。これも周知のように、現在の**北海道大学**の起源である。同農学校も北海道開拓遂行のために設置された。やがて同校には**武芸科**が設置（明治一一年一一月）され、軍学校以外で「日本初の兵式訓練」が実施されていくという。ここでも「殖産興業」と「富国強兵」とは、密接不可分な関係

「山鼻神社碑」
（札幌護国神社）

にあった。

既述の徴兵令の施行と相俟って、九年三月には「**廃刀令**」が発せられ、士族の帯刀は完全に禁じられた。これは一連の「**不平士族の反乱**」たる、**熊本の**「**神風連**《じんぷうれん》**の乱**」（**熊本の役**）などを引き起こすことになる。すでに七年五月、日本は「**台湾出兵**」（**征台の役**）を強行していた。

屯田兵に関しては、さらに九年五月下旬、青森・宮城・酒田・秋田・岩手・置賜および有珠郡の士民、計二七五戸（家族一一七四名）が、**山鼻村**《やまはな》（札幌市中央区）に二四〇戸（旧会津藩士は五四名）、**発寒村**《はっさむ》（琴似の分村、札幌市西区）に三二戸、琴似村に二三戸、それぞれ入植した。そして、山鼻兵村で**第一大隊第二中隊**が編成された。また同月には、**清国山東省**の農夫一〇名を、札幌郡**丘珠村**に入れて、開墾に従事させたという。

これにより、屯田兵総数は、漸く当初の三分の一弱の四八〇戸となった。新規入隊者は「**生兵**《せいへい》」と呼ばれたという。まだ一人前の兵士とは見なされなかったのである。なお、遠藤由紀子によれば、札幌招魂社（後の札幌護国神社）は後に、山鼻兵村内に創建されることになり、同社が実質的な**山鼻神社**になるという。同兵村では競馬が盛んになるといわれ、山鼻神社の起源は「馬頭観音」であった。

初期屯田兵の出身地は、既述のように「朝敵・賊軍」とされた東北諸藩のうち、旧会津と旧仙台の両藩で全体の七割を占めていたという。とりわけ会津士族のなかには、世を憚り出自を偽って入植した者も、また多かったといわれている。

こうした奥羽地方の各県に居住している士族は、戊辰戦役により生活に窮しているから、屯田兵の募集に対して、多くの士族が応募してくるに違いないと、当局は安易に考えていた。ところが、屯田兵を召募する県および郡町役場は、開拓使の真の目的を充分に理解していなかったという。旧武士階級が屯田兵として北海道へ応募することは、移封されるものと誤解された。また、士族を返上して平民となり、農業に専念するものとも理解されていたという。こうした理由により、応募定員を満たすことができなかったのである。

対外的には明治八年五月、日本はロシアと**「樺太・千島交換条約」**を調印し、日本は樺太における全ての権利を放棄して、代わりに千島列島を領有した。これにより日露両国民は、国籍を有したまま定住することができたが、先住民にはその権利がなかったという。したがって、先住民は国籍維持のために、自国の領域に移動しなければならなかった。

こうして、南樺太のアイヌ人八四一名（一〇八戸）は同一〇月、対岸の北海道**宗谷**（宗谷岬は北緯45度）に強制移住させられ、さらに翌九年六月、内陸部の**石狩対雁**《ついしかり》（江別市）に再移住させられた。もともと漁労・狩猟を生業としていたアイヌ人に、農民になることを強制していったのである。そして一〇年後、コレラ・天然痘の流行により、対雁のアイヌ人約八〇〇名のうち、**三〇〇名余**が亡くなったという。同交換条約は、先住民の民族分断を強いるものであった。明治五年九月の琉球藩の設置と共に、近代国家としての日本の領域がとりあえず確定した。現在、江別市の「やすらぎ苑」（市営墓地）には、**「樺太アイヌ慰霊碑」**が建立されている。

いずれにしても「士族屯田」の入植によって、北海道の開拓は徐々に推進されていったのである。一方で、黒田は麾下に薩摩出身者を集めて、北海道では典型的な**薩摩閥の「黒田王国」**が形成されていった。

北海道とは地理的に対極にある**九州**では、足かけ九ヶ月にわたる大規模な内乱が勃発する。**西南戦役（丁丑**《ていちゅう》**戦役）**である。明治六年一〇月、いわゆる「征韓論争」（明治六年の政変）に敗れて、郷里薩摩（鹿児島市は北緯31度）に下野していた、既述の元参議で、当時唯一人の陸軍大将であった**西郷隆盛**（号は**南洲**）を首領として、一〇年二月に**薩軍**が決起した。その発端は、西郷が創設した軍事学校たる、**「私学校」**生徒の暴走であった。近代「最大の不平士族の反乱」であり、人々はこれを「西郷のいくさ」とも呼んだ。

西郷は明治維新の立役者で、「維新随一の功臣」とされていたから、政府内を激震させた。当時最強といわれていた、西郷率いる薩軍一万三〇〇〇余名は、反乱軍として**「賊軍・賊徒」**となり、**官軍**（**政府軍**）と激戦を展開することになる。そしてこの戦いは、すでに札幌の三ケ村に入植していた屯田兵の運命をも巻き込んでいった。

政府は一〇年二月、陸軍省に鎮台兵（陸軍卿の直属）の出動を命じた。既述のように、すでに六鎮台が設置されていたのである。他方で、「天皇の軍隊」たる、天皇を守護する**近衛兵**（明治五年三月発足）も併設されており、陸軍には二元的兵制が誕生していた。

旧「私学校」石屏の「明治十年戦役　弾痕」
（鹿児島市城山町）

総司令官たる**鹿児島征討総督**には、皇族の**有栖川宮熾仁《たるひと》親王**（後の陸軍大将・参謀総長）が任命された。参軍（司令官）には、陸軍中将**山県有朋**（旧長州藩士、後の内閣総理大臣・陸軍大将）と、海軍中将**川村純義**（旧薩摩藩士、西郷と従兄弟、後の海軍大将）が就いた。

また、参軍兼開拓長官に昇格（明治七年八月）していた既述の黒田（陸軍中将）は、**征討別働第二旅団**司令官に任じられ、師と仰ぐ西郷を討つ立場になる。奥羽地方の士族を陸軍兵士ではなく、緊急に警察官（巡査）として召集し、第二旅団が編成されたのである。さらに、同第三旅団司令官は陸軍少将**川路利良**（旧薩摩藩士、初代警視総監）、最後に編成された同第五旅団司令官は、陸軍少将**大山巌**（旧薩摩藩士、西郷と従兄弟、後の陸軍大将）であった。こうした征討軍の指揮官らは、一〇年前の戊辰戦役時には、官軍（西軍）として東軍と対戦した人々であった。

政府は奥羽士族の反乱も警戒していて、彼らを正式な兵士とはしなかった。このように、官軍指揮官の半数以上は薩摩出身者で占められ、親子兄弟・親戚縁者が敵味方に分かれた事例は数多く、薩摩出身の官軍将兵の心境は、大変複雑であったに違いない。

札幌本庁では、**「鹿児島県士族暴動」**も不日鎮圧される旨を布達するなど、北海道における民心安定に努めた。ただし、開拓使管下においては、非常の節は、巡査にも兵器携帯を許可するなどの処置をとった。「北門の鎖鑰」の地での動揺のありさまが窺い知れよう。

九州では一〇年二月二二日から、**熊本鎮台**（後の**第六師団**）が置かれた、**熊本城（城址）攻防戦**が本格化する。同鎮台司令長官は陸軍少将**谷干城**（旧土佐藩士、後の陸軍中将）、参謀長は陸軍中佐**樺山資紀**（旧薩摩藩士、後の海軍大将）であった。

こうしたなかで同二月、札幌の屯田事務局は黒田参軍から、**函館**へ屯田兵小隊を派遣して同地を警備せよ、との命令を受ける。直ちに准大尉家村住義を隊長とし、将校以下二〇名が現地に派遣された。屯田兵の階級には**「准」**が付いており、「鎮台将兵より下級」と見なされていた。その任務は、青森県下に流言飛語が流布していたので、これが道内に入らないように検察し、同時に物資の横流し、とくに鉄砲・弾薬の売買・運送を禁じることにあった。しかしこの部隊は、翌三月下旬には小樽港に移動し、同地で別令があるまで待機することになったという。

最も有名な激戦地、「越すに越されぬ」**肥後国田原坂**《たばるざか》（熊本市北区）を、官軍が占領するのは三月二〇日であった。そして屯田兵には翌四月九日、黒田参軍から出兵準備命令が伝えられる。その任務は、**「応援トシテ屯田兵ヲ出陣セシメ」**、速やかに兇賊を平らげて、民衆の苦しみ・社会不安を取り除くというものであった。そこで**琴似第一中隊**と**山鼻第二中隊**を野戦に編成し、両兵村

熊本城址

官軍の「田原坂崇烈碑」
（陸軍大将二品大勲位熾仁親王撰文並書、明治 13 年 10 月建立、熊本市北区・田原坂公園）

の屯田兵は、事故者以外は全員出兵することになった。さらに民間からも一三〇名が急募されたという。多数の**軍役夫（軍夫）**も加わったのであろう。

准陸軍大佐**堀基**（旧薩摩藩士、後の北海道炭礦鉄道会社社長）を本部長とし、大隊長には准陸軍少佐**永山武四郎**（旧薩摩藩士、後の第七師団長・中将・北海道庁長官）、第一中隊長には准陸軍大尉門松経文、第二中隊長には既述の家村准大尉が任命された。これに事務官・医官らを含めて、**計六四五名の部隊**が編成された。農繁期を前にしての、総動員ともいえる夫や息子たちの出征は、兵村に残された家族に深刻な不安をもたらしたに違いない。

一〇年四月一〇日朝、札幌第一大隊前に集合した屯田兵部隊は、永山大隊長から重軍装の点検を受けた後、**小樽港**（小樽市）へ向けて出発した。応急支給された屯田兵の服装は、不揃いで貧弱であったという。また、冬期はわら靴（つまご）が一般的であったという。とても出征兵士といえる軍装ではなかった。

弾薬や野戦陣営具などの搬出作業は、札幌の民間男子にも協力を要請した。重軍装であったので、銭函（小樽市）で一泊した後、翌一一日は手宮（小樽市）に到着し、家村部隊（函館派遣部隊）が本隊に編入された。市街の道は雪解け水でぬかっていたが、小樽の山々はまだ雪に覆われていたという。

札幌出発から五日後の四月一五日、大隊は汽船太平丸に乗船して小樽を出航する。海路で九州をめざした。途中、暴風雨に遭い避難しながらも、一九日（二二日とも）の午後二時四〇分、**肥**

後国小島字百貫口岸（熊本県水俣市）に到着した。札幌から熊本まで、直線距離にして一五〇〇キロ以上の行程であった。ただしこの時、すでに黒田は参軍の職を辞して、長崎にいたという。屯田兵部隊は、黒田に代わり第二旅団司令長官となっていた、陸軍少将**山田顕義**（旧長州藩士、後の陸軍中将・法相）の指揮下に編入され、官軍（政府軍）として精鋭の薩軍と対戦することになる。「八代口ヨリ人吉攻撃ノ員ニ備ル」という。

「弾痕の家」
（田原坂公園）

四　西南戦役戦没者と「屯田兵招魂之碑」

既述のように屯田兵は、東北各県からの応募者によって構成されていた。つまり「朝敵・賊軍」とされた、かつての反政府軍兵士が多数所属していた。とくに会津士族のなかには、一〇年前の「戊辰戦役の仇」が討てるということで、西南戦役に**警視庁（局）巡査**として、約三〇〇名が志願したとされている。その代表格は、旧会津藩老の**佐川官兵衛**（元一〇〇〇石、後に肥後国で戦死）であった。このように屯田兵のなかにも、喜び勇んで出征した者はかなりいたのであろう。長年の「怨念」を晴らす好機で、「雪辱の戦い」となった。

一方でこうした状況は、薩長出身の多い官軍内部に危機感をもたらし、屯田兵部隊には**「看視兵」**が配置されたという。屯田兵の反乱も警戒されていたのである。

九州に上陸後、屯田兵は主として、**人吉**（熊本県人吉市）・**都城**《みやこのじょう》（宮崎県都城市）方面での戦闘に参加した。屯田兵の「戦闘日記」には、次のように記録されている〔伊藤 1992〕。

五月三十日（前略）前夜ヨリ「ドウカク」山ニ露営ノ永山少佐以下、白瀧山ノ兵ニ合シ「ザレワラ」ニ向ヒ、**開戦ハ軍曹佐藤市蔵戦死**、伍長垣見幾五郎、兵卒安孫子倫彦傷ク。賊モ死傷アリト雖も防戦ニ尽力シテ塁、固クシテ抜ケズ。

六月一日　午前六時、諸□ノ官軍一斉ニ人吉ヲ攻撃シ、午前九時人吉ヲ取ル。（中略）正面、千早中尉ノ二分隊ハ西町、札ノ辻ニ至リ、大橋ヲ渡リ前岸ニ達スルモノ僅ニ二十余名ノ賊、橋側ニ伏シ急襲ルニ遭ヒ殆ント援軍ヲ絶ス。コノ時、千早中尉及ヒ伍長平石吉次、伍長梁瀬栄ハ兵卒二、三名隅川ヲ済リ引揚ク。此時軍曹岩田栄吾、兵卒三品龍之助、板橋秀作、徳田庄之助**戦死**、伍長宮原隆太郎ハ傷ク。

この日記から、**最初の屯田兵「戦死者」**は、五月三〇日の准軍曹**佐藤市蔵**と思われる。同戦役は、**薩軍**約四〇〇名が立て籠もっていた**鹿児島城山**（鹿児島市城山町）が、九月二四日に**陥落**したことで、官軍（征討軍）の勝利となった。この日、被弾した**西郷**は、側近の**別府晋介**（元近衛陸軍少佐）に介錯を命じ**戦死**した。これにより、日本中を激震させた内乱は漸く幕を閉じた。

西郷ら薩軍幹部の遺体は、官軍に準じて直ちに「寺院跡地に埋葬」され、同地は**南洲**《なんしゅう》**墓地**（鹿児島市上滝尾町）と称されることになる。官軍・薩軍双方で、それぞれ戦没者は**約七〇〇〇名**に達した。官軍の最大兵力は六万八三八名（うち海軍は二二八〇名・軍艦一三隻）、薩軍の最大兵力は三万一七〇〇名といわれている。

ところで、屯田兵部隊には戦闘中から**コレラ**が流行し、何人かが**病没**していたという。最初の病没者は**琴似兵村の二名**であったとされている。実は屯田兵部隊には、城山陥落の一ヶ月以上前の八月一八日に、突然**「戦闘停止命令」**が伝達されていた。官軍各部隊が鹿児島市街に突入する直前のことであった。官軍全体へのコレラ蔓延を怖れた軍当局は、この理由により戦闘停止命令を出したものと推測される。一ヶ月後の戦勝を前にして、屯田兵部隊は急遽、九州から引き揚げることになった。多くの屯田兵にとっては、初志貫徹できずに無念であったのだろう。

官軍の優勢が明らかになった八月二一日、屯田兵部隊は汽船金川丸に乗船して鹿児島を発した。

南洲墓地
（中央が「西郷隆盛墓」）

薩軍「加世田郷　丁丑役戦亡士墓」
（南洲墓地）

途中、神戸で東京丸に乗り換え、同三〇日には**東京**に到着した。東京には三週間滞在したが、この間にコレラ治療がなされたのではないかという。

翌九月三日には、**吹上御所**にて**天皇に謁見**し、「北海道遼遠の地」から遙かに**「西南征討の役」**に従い、尽力奮戦したことを深く嘉賞する言葉を、天皇から下賜されている。これによって、屯田兵もかつての「賊軍」から、文字通り「官軍」として位置づけられたのである。そして同二二日には秋津洲丸に乗船し、東京から函館を経由して二九日、約半年ぶりに**小樽**に帰還した。官民の歓喜に迎えられて屯田兵部隊が**札幌に凱旋**するのは、九月三〇日のことであった。

高月官軍墓地
（将校 44 名以下の計 980 名を埋葬。熊本県玉名郡玉東町）

西南戦役の官軍戦没者約七〇〇〇名のうち、**屯田兵戦没者は四六名**とされている。屯田兵を含む官軍戦没者は、戊辰戦役時と同様に、基本的には戦地である九州各地の**官軍墓地**に埋葬された。ただし、遺品は別にしても、遺族に遺骨が届けられることはなかったのである。

また、札幌に帰還途中でも、既述のコレラによる病没者は出ていたようである。冨井恭二によれば、屯田兵は**チフスで五名・コレラで一九名**など、**計二八名が病没**したという。ただし、既述の四六名の戦没者のなかに、コレラ病没者等が含まれているのか定かではない。

ところで、日本で最初に造営（明治四年四月）され、最大規模（当初は約八五〇〇坪）を有する、**大阪真田山陸軍兵隊埋葬地**（後の**真田山陸軍墓地**、大阪市天王寺区玉造本町）には、西南戦役関係の**墓碑九六九基**が確認できるという。大阪には**征討総督本営**（東本願寺掛所内）が置かれ、**大阪陸軍臨時病院**が設置されて、大阪は九州の戦場と直接繋がる兵站地であった。大阪では**九四二名**の官軍戦亡者が出ている。

既述の冨井によれば、同埋葬地には**屯田兵墓碑二基**があるという。**兵卒東條敬次郎**（琴似兵村）と**兵卒村田政吉**（発寒兵村）の二名である。東條は札幌へ帰還途中、船中で死亡した。村田は**脚気**に罹り、後に大阪陸軍臨時病院でコレラを発症

官軍の「宣力殉難報国諸士之口」
（台座に「青森県」や「士族」の文字がある。鹿児島市清水町・祇園之洲官軍墓地）

し没したという。**大阪鎮台**（後の**第四師団**）の設置は、四年八月であった。

また、**東京青山墓地**（**青山霊園**、港区南青山）の一画が警視庁に与えられ（明治一二年九月）、**警視庁墓地**が造成された。同地には東京警視庁臨時病院などで死没した、別働旅団の**警視庁**（**局**）**巡査・軍夫**等の**墓碑二〇基**ほどが確認できる。

大阪真田山陸軍墓地

警視庁（局）巡査等の墓碑
（東京青山・警視庁墓地）

そもそもコレラは、明治一〇年の夏にジャワ・上海・香港等で大流行し、そこから船舶によって長崎・大阪・東京などにもたらされ、これに屯田兵が感染したものと考えられる。コレラに感染すると忽ち死ぬので**「コロリ」**といわれ、また、西郷隆盛が死んで鬼となり官軍兵士を殺すのだという、「西郷さんのタタリ」が信じられ**「西郷病」**との噂が流布した。一〇年の道内コレラ患者一二七名・死者**九七名**で、全国では患者一万三八一六名・死者**八〇二七名**に及んだ（異説あり）。以後、毎年のようにコレラは流行したという。

西南戦役によって、戊辰戦役以来の多数の戦没者が一挙に生み出された。天皇に背く「賊軍・賊徒」を征討して斃れた官軍戦没者は、政府によって既述の**東京招魂社に合祀**されることになった。同戦役は、同社の性格を大きく変える契機となっていく。

戦役後の一〇年一一月一二日夜、同社では**官軍戦没者六五〇五名**（異説あり）の**招魂祭**が執行された。そして翌一三日から三日間にわたって、山県中将・有栖川宮大将・川村中将が順次祭主を務め、かつてない盛大な**臨時大祭**が開催されて、この戦没者が合祀**（第八回合祀）**された。これにより、同社の祭神数は**一万名**を超えることになった。これと共に、同社では相撲や競馬などのさまざまな行事も催され、境内は老若男女で埋まり盛況を極めたという。

また、同社への**天皇初参拝**は、七年一月の**例大祭**の時であった。これは**「臣下」を祭神**とする宗教施設への初参拝となったが、今回の臨時大祭にあたり、天皇は同社への三回目の参拝を行ない、金一〇〇〇円を下賜した。以後、臨時大祭への天皇参拝は恒例となる。天皇と合祀者・祭神とは、密接な関係になっていくのである。

この臨時大祭直前の一一月一〇日、開拓使から政府に**「西南ノ役ニ戦死セル屯田兵招魂社へ合祀ノ儀伺」**が提出されていた。これに対して政府は、「伺ノ趣聞届別紙ノ通陸軍海軍両省へ相達候事」として、直ちに次のように回答した〔伊藤 1992〕。

今般西南ノ役ニ戦死セル北海道屯田兵東京招魂社へ合祀被仰付候条来ル十三日並毎年定日ニ祭祀執行可致此旨相達候事

明治十年十一月十日

太政大臣三条実美

この決定によって、既述の「戦闘日記」に**「戦死者」**として記録された、准軍曹佐藤市蔵〔琴似兵村〕以下**八名**、つまり**准陸軍軍曹二名・屯田兵一等卒六名**〔琴似兵村七名、山鼻兵村一名〕が、**「国の神」**として、既述の臨時大祭で東京招魂社に合祀されたのである。「屯田兵最初の戦没者」「札幌での最初の戦没者」であった。ただし、屯田兵戦没者が四六名であったとすると、どのような基準で八名のみが合祀対象となったのであろうか。

広義の**「戦没者」**のなかには、戦死者・戦病死者・海没死者〔溺死〕などが含まれるが、初期の東京招魂社の祭神は「戦死者」のみに限られていた。戦場で死ななければ、「戦死」扱いにならなかったのである。後の**日清戦役（明治二十七八年戦役）**直後までは、**「戦病死者」**は「不名誉な犬死」として、同社の祭神にはならなかったから、西南戦役時点でのコレラ戦亡者は、祭神に含まれていないのではないかと考えられる。つまり、既述の真田山の東條・村田の両兵卒も、**「非合祀者」**であったのだろう。また、屯田兵と共に出兵した、**軍夫**などの民間人一三〇名のなかからも、「戦死者」は出ていたであろうから、どう扱われたのであろうか。この点も明らかではない。

いずれにしても、極めて少人数ではあったが、屯田兵戦死者の東京招魂社への合祀が叶ったことで、地元ではさらに、屯田兵の招魂碑を建立しようという動きがおこる。出征屯田兵部隊の本部長であった、堀大佐を中心に準備が進められ、明治一一年七月、政府に**「招魂碑建設ノ儀ニ付上申」**が提出された〔札幌護国神社 1989〕。

屯田兵客歳西南戦役戦死ノ者招魂祭ノ儀ハ**九段坂上招魂社**合祀相成候処北海道札幌へ招魂碑相建度右ハ兵員志望ニモ相添フ儀ニ付該費途ハ殖民費ノ内ヨリ支弁建設候條此段上申候也

明治十一年七月六日

陸軍中将兼開拓長官黒田清隆印

太政大臣三条実美殿

政府はこの上申に対しても直ちに許可し、同七月二一日、屯田兵有縁の琴似村の官有地（前身は幕府の御手作場・シャクシ琴似）たる、**偕楽園**（明治四年造成、後の**偕楽園緑地**、札幌市北区）前に、招魂碑の建設が開始された。同園は明治四年に、札幌官園（三六〇〇坪）として開設され、「札幌で最初の公園」となり、開拓使の育種場・博物館・競馬場などもあった。水戸の偕楽園に倣って命名されたという。

招魂碑は、既述の**八名の「戦死者」**と、東京招魂社へは合祀されなかった門松第一中隊長（准陸軍大尉）以下**二八名の「病没者」**を、「カミ」として祀るためのものであった。この二八名は、既述の冨井恭二の指摘による病没者二八名と一致し、このなかにコレラ戦亡者が含まれていたことが判明する。**合計三六名**のための招魂碑であった。既述の東條・村田の両兵卒も、ここに祀られるのである。

建設作業は、**琴似・山鼻両兵村**の屯田兵総出で行われたという。道内の三樽別産の石材を基礎とし、札幌村妙見寺から庭石を運んでこれを台座とした。本体の石碑は伊豆根府川石を用い、二九三三余円の費用を以て明治一二年九月（異説あり）、**「屯田兵招魂之碑」**（以下、屯田兵招魂碑とする）が落成した。ただし同碑に遺骨はなく、戦没者の「荒魂」のみが祀られたのである。

碑の題字は、**征討総督有栖川宮熾仁親王書**である。また碑背には、三六名の氏名と撰文が、陸軍中将兼議官司法大輔の山田顕義によって記された。既述のように山田中将は、黒田中将後任の別働第二旅団司令官であった。

建築落成式は同九月二五日で、式典には千数百名が参集したという。翌一〇月二七日には**大祭**が執行されている。同碑は**神式**による**靖国（国家）祭祀体系**のなかに組み込まれた。ただし、冨井恭二によれば、屯田兵が出発する前に、仲間に銃殺された**「横死者」一名**の氏名も、碑背に刻まれたという。「戦没者」も広義の「横死者」に他ならなかった。したがって同碑に祀られたのは、**総計三七名**ということになろう。

「戦死者」と「病没者」を祀る「屯田兵招魂之碑」
（札幌護国神社）

東京招魂社への合祀は極めて限定されていたから、地元札幌では広く「戦没者」や「横死者」の荒魂を祀り、慰霊・顕彰の対象にしようとしたのである。死者に対する戦友や遺族の無念の思いが、同碑建立に繋がったのである。ここには戦没者に対する、「国家の論理」と「地元・地域の論理」との意識の齟齬を確認することができよう。ただし、これでも四六名には届かないことになり、また「病没者」と「戦病死者」が同一なのかどうかも、明らかではない。

屯田兵招魂碑の**祭日**は、屯田兵が奮戦した、西南戦役での**日向国高鍋城**(旧高鍋藩は外様二万七〇〇〇石、城址は宮崎県児湯郡高鍋町)陥落の、八月二日と定められた。早速、一二年のこの日には、「北海道の総鎮守」たる**札幌神社**(後の北海道神宮)宮司の杉戸大角が、臨時祭主となり同碑前で神式による**「慰霊大祭」**を執行した。「御霊代」は同社に奉斎され、以後は毎年、慰霊大祭が開催されることになった。

この八月の祭日には、全道の役所・学校も休業となり、余興として相撲や競馬などが行われ、札幌神社の祭礼(六月一五日の札幌祭)と並んで、**「札幌の二大祭」**となった。祭礼に相撲や競馬などが実施されたのは、東京招魂社の祭礼に倣ったものであろう。

このように、屯田兵戦没者を合祀した慰霊施設が完成したことで、国事殉難者でありながら、国家(靖国)祭祀の対象とならなかった戦没者も、地元札幌では、地域社会の人々から同等に祀られることになった。この点は注目すべきである。

西南戦役後、旧会津藩士らの警視庁(局)巡査や地方官員等も、祭神に加えていった東京招魂社は、明治一二年六月四日、**別格官幣社靖国神社**と改称し、内務・陸軍・海軍三省の管轄となった。祭典は正式に神社祭式に準拠することになり、祭神数は**一万八八〇柱**に達していた。同社の創建以来の四回の例大祭は、いずれも戊辰・己巳戦役の「官軍勝利の日」、つまり会津藩らの「賊軍降伏日」を当てていた。このことからも、同社の意図するところは明白であろう。また、同社の守衛も、それまでの警視庁巡査から東京憲兵隊に代わっていく。

既述の屯田兵招魂碑の建立は、東京招魂社の靖国神社改称と同年であったが、西南戦役を以て最大の内乱が終結すると、靖国神社は新たに、対外戦争戦没者を取り込んでいくことになり、同社の機能は飛躍的に拡大していく。それは戦没者の増大と軌を一にしていくからであった。

この間、一一年八月に**「近衛砲兵の反乱」**（**竹橋事件・竹橋騒動**）が勃発している。これは「日本初の政府軍兵士の反乱」であった。幕末の**「御親兵」**を前身とする**近衛兵**は、天皇護衛を専務とし、本来は戦場に派遣される部隊ではなかったが、西南戦役で戦地に送られ甚大な損害を出した。しかし戦役後、これに対する充分な補償はなく、近衛兵の不満が爆発したのである。

近衛兵には薩摩出身者も多く、近衛連隊が置かれた、皇居北の丸（千代田区北の丸公園）での政府軍の反乱であったから、政府内の動揺は激しかった。反乱軍兵士五〇余名は、見せしめのためであろうか、銃殺ではなく「砲殺」されているという。この刑死者は靖国非合祀である。

ところで明治天皇の地方巡幸は、六〇回実施されているという。天皇の巡幸は、民衆にとってまさに天皇の可視化であり、天皇にとっては古来の「国見」の復活に他ならなかった。そのうち**「六大巡幸」**の一つが、一四年の**東北**（山形・秋田）・**北海道巡幸**である。その期間は七～一〇月までの七〇日間であったが、八月三〇日、明治天皇は初めて札幌に足を踏み入れた。これにより、札幌は「開府以来未曾有の賑い」になった、と記録されている。この際、随行した左大臣有栖川宮熾仁親王から、屯田兵戦死者遺族および招魂碑に祭祀料が下されたという。

屯田兵招魂碑に関しては、翌一五年四月に**「招魂祭約定書」**が成っている。これにより、屯田事務局が執行していた招魂祭は、札幌地区（人口は八二二二名、札幌市制施行は大正一一年八月）の祭事となり、札幌神社社務所がその祭祀を管理掌握することになった。祭典費については、屯田事務局より一〇〇〇円を札幌区役所に交付し、区役所がこれを運用して得た利益を、札幌神社が祭典費として使用するというものであった。また祭日に関しては、区役員や神官の他に、陸軍関係者や地方官も関わりをもつことが条文化されていたという。

こうした同招魂碑の祭祀管理の移行は、北海道開拓の司令塔たる開拓使が廃止されることに伴う措置であった、と考えられる。一〇年計画で遂行されてきた北海道開拓は、実際に立ち遅れていたという。官営諸工場の多くは赤字で、薩閥「黒田王国」への批判も高まっていた。黒田は開拓事業の存続を図ったが、これが無理となると、黒田は新会社をおこして同事業の継続をねらった。これに関して**「開拓使官有物払下げ事件」**がおり、**「明治十四年の政変」**に発展することになる。

一四年一二月下旬、黒田長官は辞表を提出し、翌一五年一月、長官は西郷隆盛の弟である、参議兼農商務卿の**西郷従道**（陸軍中将、後の海軍大臣・海軍大将・元帥）が、兼務することになった。西郷は、「征台の役」での総司令官であった。また、一五年一月には**「軍人勅諭」**が発布され、「軍人の天皇への絶対服従」が強調されたのである。

この勅諭は、既述の竹橋事件等を踏まえて、軍隊内への民権思想の浸透を防ぎ、軍の「非政治化」を図るためのものであった。天皇は「軍人ノ大元帥陛下」であり、軍人は天皇を「頭首ト仰ギテ」、天皇の軍隊であることを明言したのである。つまり**「皇軍」**たる内容が規定され、以来、「軍人永久の聖典」と位置づけられた。軍隊教育は同勅諭によって展開されていく。

開拓使の廃止は一五年二月八日で、これにより道内には函館・札幌・根室の三県が設置されたが、さらに農商務省内に北海道事業管理局が置かれた。いわゆる**「三県一局時代」**となる。ただし、これらの県令や局長も薩摩出身の旧開拓使官吏で占められ、薩摩閥支配は変わらなかったという。また、屯田兵の管轄は、開拓使に代わり全て**陸軍省**へ移管となった。

教育に関しては、「道内初の師範学校」として、**函館師範学校**（前身は小学教科伝習所、後の北海道師範学校・北海道函館師範学校・北海道第二師範学校）が、開拓使により、明治一三年一〇月に創立している。そして、「三県一局」時代の一六年五月には、**札幌県師範学校**（後の北海道尋常師範学校・北海道師範学校・北海道札幌師範学校・北海道第一師範学校）が創設された。師範学校では、いわゆる**「兵式訓練」**を根幹に、軍隊における下士官級の教育内容が実施され、軍学校に準ずる位置づけであったという。「富国強兵」政策の一翼を担わされたのである。これらの師範学校は、戦後の**北海道教育大学**に改組されていく。

また、文系の高等教育機関としては、後に官立**小樽高等商業学校**（**小樽高商**、現在の**小樽商科大学**）が開校（明治四三年五月）する。

五　日清戦役と徴兵・第七師団

開拓使本庁舎は、明治一二年一月に全焼してしまうが、これを機に、屯田兵は**市内の警衛業務**を実施することになった。ところが、警察との間に職権を巡る確執が生じ、以後、屯田兵と巡査との衝突が繰り返されるようになるという。西南戦役への出兵によって、精神的にも経済的にも深刻な打撃を蒙った屯田兵村は、国策に翻弄されながらも、活路を求めて与えられた任務の遂行にあたった。

既述のように、屯田兵は**陸軍省**の管下に入ったが、一八年二月、陸軍省は「屯田兵志願者心得並」を制定し、召募志願者を**士族**と明記すると共に、年齢を一七歳以上三〇歳以下にしたという(後に二五歳以下に改正)。さらに、同五月には「屯田兵例則」は廃止され、新たに**「屯田兵条例」**が制定された。

同条例により、屯田兵は「屯田憲兵」から**「陸軍兵ノ一部」**となり、陸軍各兵科と同列になって、屯田事務局は**屯田兵本部**と改称する。初代本部長には、黒田の腹心で「屯田兵育ての親」といわれた、陸軍少将**永山武四郎**が就任した。屯田兵の召募は三二年まで続き、この制度が完全に閉じるのは大正八年三月のことであった。それまで彼らは、平時は専ら開拓事業に従事していたのである。

この間、一九年一月に**北海道庁**が札幌に設置され、札幌は「軍都」であると共に**「道都」**となった。初代道庁長官には、かつて黒田によって開拓大判官を解任された、司法大輔の岩村通俊が就任した。道庁は、国策としての北海道開拓を推進する、特務機関としての役割を担うことになり、以来、北海道内陸部の開拓が主流になっていくという。

これにより「三県一局時代」は終わりを告げ、札幌県も廃止される。また同年九月、札幌区内の有志により、既述の偕楽園に**「開拓紀念碑」**が建立された（後に**大通公園**に移転）。その文字は、古代中国の王羲之の拓本であったという。

明治二一年四月、**黒田は内閣総理大臣**となり、同六月には、永山が屯田兵本部長のまま第二代道庁長官に就任した。そして翌二二年二月一一日の「紀元節」を以て、黒田内閣の下で、欽定憲法たる**「大日本帝国憲法」（明治憲法）**が発布されたのである。これに伴い、道内各地では祝賀会が開催された。ただし、**「信教の自由」**に関しては、「制限の範囲内」で認められた。

この日、旧道庁舎では、「帝国憲法発布官民祝賀会」が盛大に開催され、夜には札幌の街中で提灯行列が実施された。また、北海道毎日新聞社は、「御真影」を掲げ、国旗・鏡餅を飾り樽酒を振る舞って、号外を発行している。また同六月には、札幌の**北海道尋常師範学校**（後の北海道教育大学札幌校）で、「御真影」の拝戴式が挙行された。そして、これを機に道内の各学校でも、同様に拝載が実施されていくという。

「開拓記念碑」
（明治 19 年 9 月建立、札幌大通公園）

徴兵令に関しては二二年一月に、いわゆる**「新徴兵令」（改正徴兵令）**が制定され、戸主の徴兵猶予などが廃止された。この時点で、「国民皆兵」と「本籍地徴集原則」が確立したといわれている。これにより同月、**道南**の函館・江差・福山（松前）に「徴兵令」が施行されたが、これらの徴兵は、内地の**仙台第二師団**（前身は**仙台鎮台**）管下の、**青森歩兵第五連隊**に入営したという。既述の函館砲隊は二〇年四月に廃止され、その後函館には第五連隊第三大隊が分屯していたから、道内の徴兵は恐らく同大隊に配属され、函館の守備に当たったのではないかという。後に第五連隊は周知のように「八甲田山雪中行軍」（明治三五年一月）において、**一九九名の凍死者**を出すことになる**（八甲田山雪中行軍遭難事件）**。

日本陸軍が海外出兵・大陸戦闘向けに改編されていくのは、開拓使廃止後の朝鮮での、**壬午《じんご》事**

変（明治一五年七月）と**甲申事変**《こうしん》（同一七年一二月）を経てからである。陸軍にとっての当面の敵は、国内の「賊軍・賊徒」から海外の清国軍に変わり、二一年五月には師団司令部条例等が公布され、陸軍は従来の**鎮台制**から、外征戦争に向けて**師団制**に改編された。

屯田兵本部は二二年七月、**屯田兵司令部**と改称され、「屯田兵徴募規則」が制定されたた。また同九月には、札幌農学校で**兵学科**・予科を新設し、元屯田兵曹長二四名が、兵学科別課生として入学しているという。この兵学科は七年後に廃止されるというが、それまで同校は、道内での「兵学校」としての役割も果たすことになる。

「大日本帝国　境界〔摸造〕」
（北海道神宮）

さらに翌二三年八月には、それまで屯田兵は**歩兵**のみであったが、屯田**騎兵**・屯田**砲兵**・屯田**工兵**の編成が決まった。また同一〇月には、屯田兵徴募を士族から平民にまで拡大し、一一月には既述の「屯田兵徴募規則」を廃止して、「屯田兵召募規則」が公布されている。

つまり、それまでの「**士族屯田**」に加えて、新たに「**平民屯田**」が生まれ、その服務期間は二〇年間となった。以来、屯田兵による開拓事業は、北海道の中央部へ展開していき、**石狩川**流域に平民屯田兵村が開設されていった。石狩川の上流、つまり旭川方面に向かって開拓されていくのである。**永山兵村**（旭川市）・**東旭川兵村**（同上）などが誕生していく。

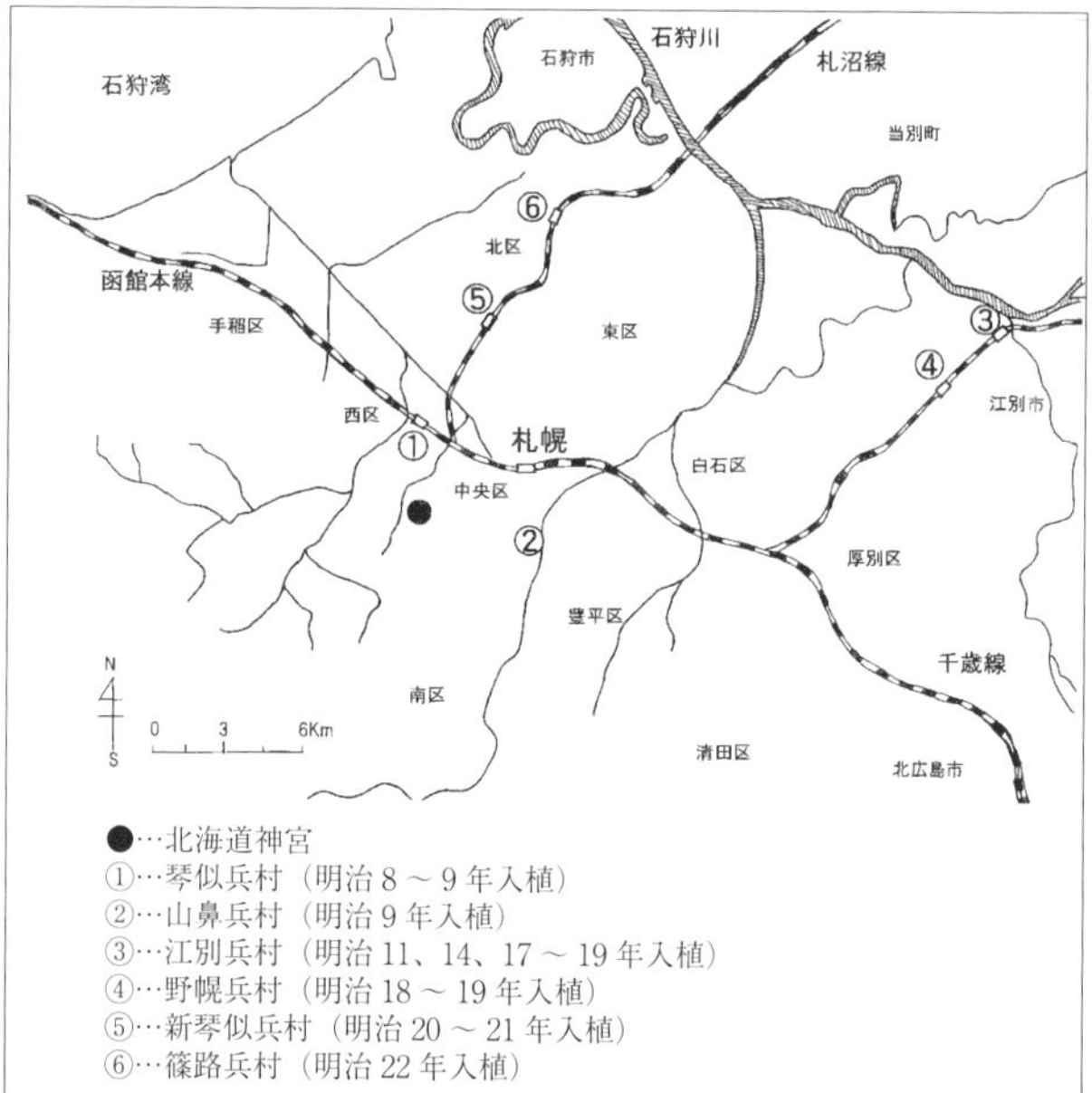

出典：遠藤由紀子著『近代開拓村と神社』（御茶の水書房、2008年）

札幌地域の屯田兵村分布

函館に**函館要塞砲兵隊**が発足したのは二三年であったが、同一〇月には「**教育勅語**」が発布され、その謄本は全国の学校に交付された。翌一一月には、北海道尋常師範学校で勅語の拝読式が挙行され、以後、道内の各学校でも挙行されていく。既述の「御真影」拝戴に続き、学校教育における「天皇教」の浸透政策が推進されていくのである。札幌農学校出身の無教会派キリスト者で、いわゆる「札幌バンド」の一人である**内村鑑三**（旧高崎藩士子息）が、第一高等中学校（一高、現在の東京大学の前身の一部）の始業式で、教育勅語拝礼を拒否した「不敬事件」は、翌年一月におこっている。

琴似演習地では二四年三月中旬、**屯田兵春期大演習**が実施され、見学のための臨時列車が運行されるなど、市民の関心は大いに高まったという。それは屯田兵には、他の陸軍将兵と同様の軍事力がないのではないか、という世間の批判があったからである。しかし、これを見学したマスコミは、平常の訓練の成果を称え、北海道で果たす軍事的役割を評価した。

屯田兵の存在によって、道内の一般市民は、**兵役義務**を屯田兵に肩代わりさせ、開拓就産に専念し得たことになるという。また二四年四月には、屯田兵各隊より下士一八名が、札幌農学校兵学科に入学している。彼らは翌年、予備少尉に任命された。

明治二七年八月一日、日本は清国に

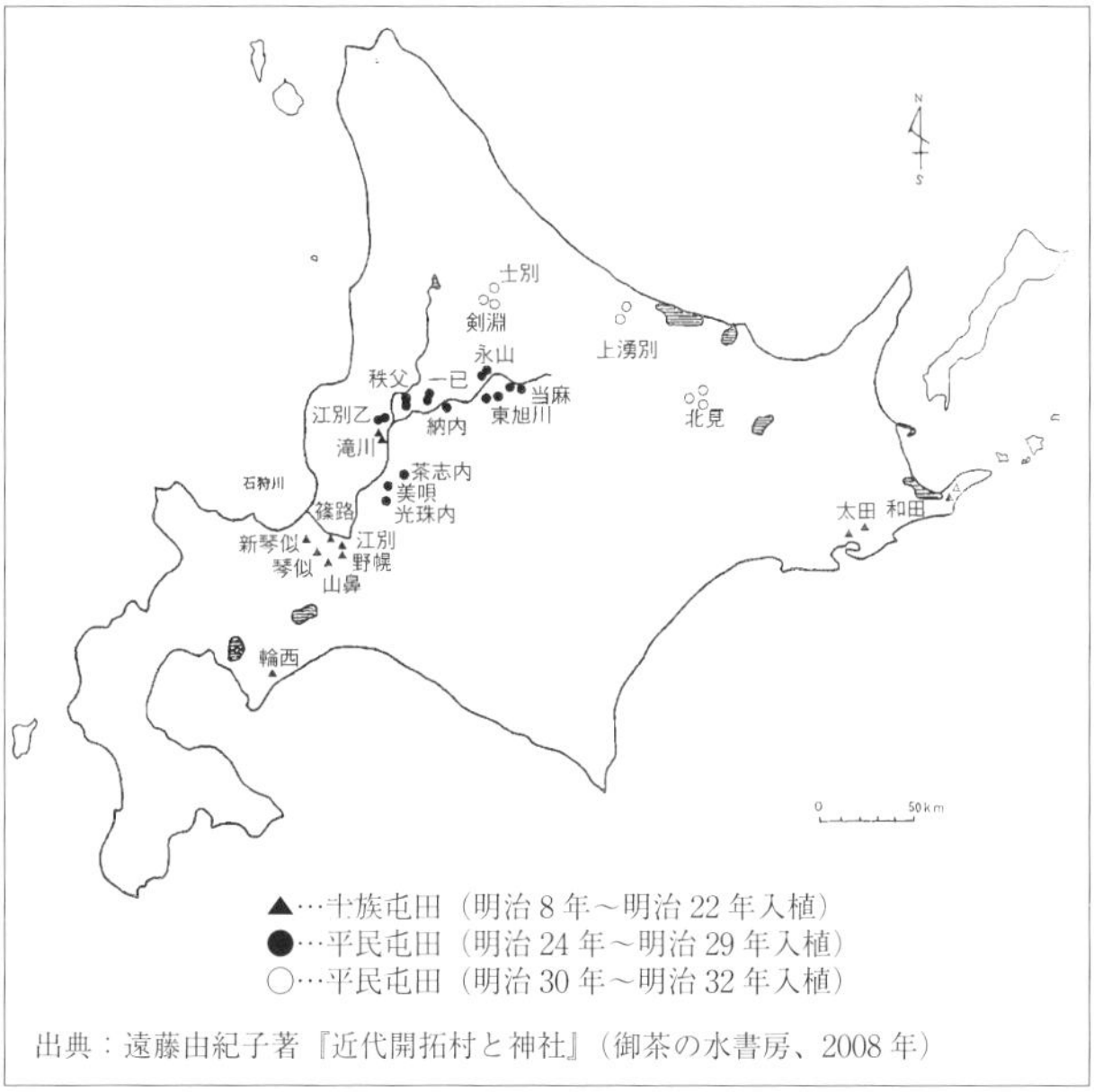

屯田兵村分布

「日清戦役　黄海海戦」（靖国神社・大灯籠）

宣戦布告し、**日清戦役**（**明治二十七八年戦役**）が始まった。近代日本にとって「本格的な対外戦争」であった。ただし、実に開戦理由の分かりにくい戦役であったという。日本は「故なき戦争を起こす」ことになったのである。

とくに**黄海海戦**（九月一七日）の勝利は、前日の**平壌**（**ピョンヤン**、北緯39度）陥落と共に、日本軍の「大勝利」と報じられた。しかしこうした勝利は、実は「以外の結果」「予想外の勝利」であったと、日本政府は受け止めていたという。

日清開戦により、道内各地に点在する屯田兵の実地演習は、実戦に備える訓練に変わったという。二七年秋の時点で、道内の屯田兵力は**四九〇五名**（**戸**）に達していた。最終的に屯田兵は、道内には**三七兵村**（士族兵村一三・平民兵村二四）、**七三三七戸**が入植することになる。

屯田兵に出動命令が出たのは、翌二八年三月四日であった。これにより、**札幌月寒**（札幌市中央区月寒）の屯田兵司令部は、**臨時第七師団司令部**に編成替えとなった。同師団は、屯田歩兵四大隊と騎兵・砲兵・工兵・衛兵・輜重（輸送、馬卒二〇名および人夫）の各部隊から構成され、その**兵力は四五九〇名（現役予備兵）**と、これに将校・下士を加えたものになった。既述のように、当時の屯田入植者は四九〇五名であったから、総動員に近い状態であった。また、市民からも**軍馬の献納**が相次いだという。

この頃、日清両国の第一回講和会議は不調に終わり、日本政府は兵力を動員して、早急に第二回講和会議に応じるように、清国に圧力をかけようとしたのである。そして、三月三〇日には日清休戦条約が調印されているから、これを予想しての屯田兵動員であった。

旧箱石村（群馬県玉村町）の「征清軍殰馬碑」
（明治 28 年 4 月建立、貫前神社）

臨時第七師団司令官（後の師団長）は、薩摩閥の陸軍少将**永山武四郎**（後の中将）であった。同師団は二八年四月三〇日付で、**征清第一軍**に編入予定となった。輸送機関の関係で、各部隊ごとに**第一師団**（前身は**東京鎮台**）のある**東京**に向かい、命令を待つことになる。

既述の臨時第七師団が発足した翌日、つまり三月五日には、**日本赤十字社北海道支部**（以下、日赤道支部とする）の、**篤志看護婦人**（同婦人会は明治二六年六月発足）に志願した二〇名が、**札幌停車場**から東京日赤本社病院（陸軍予備病院第三分院）に向けて出発している。以後、同婦人は約三ヶ月余の勤務となった。

続いて翌四月四日、同停車場から屯田将校が出発した。当日の同停車場は、左記のように開業以来の賑やかさであったという〔札幌市教委 1991〕。


札幌停車場前は正しく人の黒山の築くものの如く嘗てなきの光景を呈し前後四回の小樽行き列車は万歳声裡に征行を壮んさせるなく特に午前九時三十分発のものは狂する如きの人気と湧くが如きの喝采を以て見送られたり

また、**第一大隊**（琴似・山鼻・新琴似・篠路の五兵村）の札幌出発は同七日で、青森から列車で東京に向かい、一二日には上野に到着している。

東京での同師団司令部は、靖国神社前の**偕行社**（陸軍将校の親睦・研究団体）に置かれ、将兵は連日、行軍や演習・射撃訓練を重ねて、野戦に臨む日を待ったという。ただし、その装備は旧式で使用に耐えないものであった。しかし、四月一七日に**日清（下関）講和条約**が調印されたため、待命中の屯田兵部隊は五月一五日に復員下令となった。

五月二〇日の午前九時から、新緑に包まれた**東京青山練兵場**で、「軍人勅諭」拝読式を行い、**永山司令官**から訓示を受けた後、分裂式を挙行した。その訓示の要旨は次のとおりである〔高橋1993〕。

出征以来五旬、練武の日を過ごしたが、遂に北清の野にその実力を発揮出来なかったのは多少の遺憾なしとしない。しかし我が武を用いるのは今日だけではあるまい。他日、国家に危のあるまで、一層訓練を重ねよ。今や北海道でも積雪すでに尽き、暖気も加わってきたころであろう。農業の業は日に忙を加えつつある。諸子は速やかに北海道に帰り兵農兼習に心し、厳正もつて屯田兵の本質を恪守せんことを希望する

この後、第四大隊のみが横浜港から根室・厚岸へ向かい、他の部隊は全て小樽港に帰還した。五月二九日には第一大隊が札幌に帰着し、翌六月四日には師団司令部も帰着して、六月二一日付で**復員解散**している。その後、全員に「従軍記章」および功労金が下賜されたという。ここで臨時第七師団も解散した。なお、それまで屯田兵は**「北海道の百姓兵」**といわれ軽蔑されていたが、今回の出兵で、常備兵と同等の精兵と認められ、屯田兵の兵備も充実していくことになる。

この間、六月一三日には、札幌市街の南端にある**中島遊園地**（札幌市中央区・**中島公園**）で、**「臨**

日清戦役「名誉戦死者　故陸軍予備歩兵一等卒清水梅吉君弔魂碑」
（明治 28 年 12 月建立、群馬県太田市本町・高山神社）

時第七師団凱旋歓迎会」が開催されている。発起者は七〇余名、寄付金は四〇〇円余であった。既述のように、同師団はいわば「圧力部隊」としての出動で、戦地に送られることもなかったから、一名の戦没者も出すことなく終わった。

ある屯田兵士によれば、同戦役は「東京見物に行った形」であり、功労金も受け取り、「実に有り難い戦争であり、大勝利であった」という。また七月一〇日には、日赤篤志看護婦人が札幌に帰着し、八〇〇名が出迎え歓迎し、人力車で日赤道支部までパレードしている。札幌区民にとって、日清戦役はまだ対岸の火事であったのだろう。

しかしながら日本軍全体としては、靖国神社（1999）によれば、西南戦役の倍近い、**一万三六一九名**の戦没者（靖国合祀者）を出していた。**対外戦争**による**「名誉戦死者」**の出現である。

ところで日清講和条約締結直後の、いわゆる**「三国干渉」**（四月二三日）により、日本は**遼東半島**を還付するものの、台湾への植民地支配は強化していく。これに対して台湾島民の抵抗は根強く、いわゆる**「台湾征討」（台湾戦役）**が開始された。二八年九月には、屯田兵士官一四名が、台湾征討のため札幌を出発しているという。屯田兵はこの征討にも関係していくことになる。

日清戦役後、臨時第七師団の**軍人家族保護会**（会長は道庁長官）は武道関係団体となり、**北海道尚武会**として再編（二八年一一月）され、戦没者遺族等の扶助などを活動目的とすることになった。また、既述の「三国干渉」などを経て、政府は「富国強兵」政策を推進すべく、**軍備拡張計画**を急いだ。陸軍省は二九年三月、常備の近衛ほか六個師団を倍増し、近衛および一二師団の編成を決めている。

「砲弾」の形をした名古屋第三師団の「第一軍戦死者記念碑」（「戦病死者」を除く「戦死者」351名を祀る。明治29年3月9日建立、名古屋市千種区法王町）

この前提として、第七師団を北海道に設置するため二九年一月一日、「**徴兵令**」施行は既述の道南地区から、渡島《おしま》・後志《しりべし》・胆振《いぶり》・石狩の**四国**に拡大された。同時に、これらの徴兵事務を担当する連隊区司令部が、札幌・函館・根室・十勝に置かれ、札幌でも同地に本籍を置く壮丁（成年男子）が、徴兵の対象となったのである。

当時、全道の人口は七〇万名余といわれ、札幌連隊区の徴兵適齢者数は札幌区内二三三名・札幌外一二二二名、計一四五五名であった。ただし、**屯田兵家族**には**徴兵免役特権**が与えられたという。またこの時、アイヌの人々も徴兵の対象となり、初めて五名が徴集されたという。つまり日清戦役後に「**アイヌ兵**」が誕生していくことになる。

明治二九年三月、「**第七師団ヲ北海道札幌**」に設置する勅令が出され、同五月一二日には札幌郡月寒村に、正式に常備の第七師団が創設された。屯田兵司令部は廃され、第七師団司令部が発足したのである。月寒に吉田農場を開設（明治二〇年）した**吉田善太郎**（旧南部藩士子息）は、同師団兵営敷地として、月寒村の二町五反等を寄付したという。

師団長には中将が補されるはずであったが、特例により、**初代師団長**には、既述の陸軍少将**永山武四郎**（一〇月に中将）が任命された。師団長は兵隊からすると、天皇に近い雲の上の存在であったという。同地には同一一月、**札幌衛戍《えいじゅ》病院**（後の**札幌陸軍病院**・国立札幌病院）が開設された。現在の北海道がんセンターの前身である。

当時の「**陸軍常備団隊配備表**」（明治二九年）によれば、師団一般の編成は、歩兵二旅団（一旅団二連隊）・騎兵一連隊・野戦砲兵一連隊・工兵一大隊・輜重兵一大隊を以て、平時における一師団の編成としていた。

しかし、**「北鎮」**師団たる**第七師団**に関しては当分、**独立歩兵一大隊・独立野戦砲兵一大隊・**独立工兵一中隊・屯田歩兵四大隊で組織することとされた。道内での徴兵制実施が不十分で、兵員確保に懸念があり、他師団とは編成が異なっていたのである。道内徴兵は歩兵に充て、他は道外徴兵で編成したという。

つまり同師団は、本来の師団編成ではなく、各野戦独立部隊の編成に留められており、実際には師団創設時は、屯田兵部隊しか存在していなかったから、**屯田兵団**がその中核となった。同師団への入営現役兵は二二二三名で、屯田兵団は三四四五名となり、**師団合計では三六六八名**であったという。このように北海道では、屯田制を下地に師団制が生まれるという、二元兵制のなかで、日

「北鎮砲兵発祥の地」碑
（札幌護国神社）

清戦役後の「富国強兵」政策が推進されていく。

この師団現役兵が入営した二九年一二月、**永山師団長**は将兵に対して、次のような趣旨の訓示を与えている〔高橋 1993〕。

今や時運の趨勢に依り北海道にも新たな常備軍を設置せられ屯田諸隊と相俟って北門の鎖鑰の実を備へんとするの期に到れり其責任の重大なるは固よりなり幹部たるものは亀勉精励に従ひ斯隊の剛健なる発達を期せさるべからず不整備は独り本道之を免るる能わず、此間の壮丁を駆りて軍隊を創設するに於いては精神教育上各幹部は特に一層の注意を要す

こうして新設の第七師団は、屯田兵と共に「北門の鎖鑰」としての役割を期待されていくのである。徴兵令による将兵と、志願者による屯田兵とが共存していった。

ところで教育界では、三〇年六月に京都帝国大学（後の京都大学）が設立され、二番目の帝大となったが、これにより従来の帝国大学は、**東京帝国大学**と改称した。官立総合大学たる帝大は、植民地（京城・台北）を含めて計七校創られることになるが、三三年二月には、東京帝大の工科・理科に**「陸軍砲工学生制度」**が新設された。陸軍省の委託により、**陸軍砲工学校**（明治三一年創立、後の**陸軍科学学校**）卒業生のための特別課程で、砲兵・工兵科尉官を養成した。つまり、陸軍軍人に対しても、帝大は特別に門戸を開くことになったのである。同課程の出身者は、将官に昇進

する比率がずば抜けて高くなるという。大学と陸軍との関係が深化していく契機となった。

陸軍省は三〇年八月一七日、**「陸軍埋葬規則」**を制定公布している。同規則は日清戦役での戦没者、および今後増えていくであろう陸軍の死者に関して、**「死体ハ陸軍埋葬地ニ葬ルヘシ」**と規定した。既述のように陸軍埋葬地とは、後の陸軍墓地のことで、内地および外地に設営された（陸軍墓地の正式名称は昭和一五年八月から）。ただし、「親族ヨリ引受ヲ願フトキハ之ヲ許可スル」としていた。つまり、親族による死体の引き取りは可能であった。そして、地上の戦没者は**「火葬」**し埋葬することができ、海上にありては**「水葬」**することができる、とした。また、**伝染病**の死者は「火葬」すること、とされたのである。公衆衛生上の配慮であった。

函館では、津軽海峡に臨み、海防を担った函館要塞砲兵隊が、三〇年一一月に**函館要塞砲兵大隊**（仮事務所は五稜郭内）となり、第七師団管下となった。翌年（異説あり）、同隊は五稜郭から、千代ヶ岱兵営（函館市千代台町）に移転するが、同隊が大隊規模の編成になるのは、三四年一二月であったという。そして四〇年一〇月、要塞砲兵は重砲兵と改められたため、同大隊は**函館重砲兵大隊**と改称された。

また、三一年一月一日には、**北海道全域と沖縄県・小笠原諸島に「徴兵令」**が施行され、同師団は大きな変化を見せる。後田多敦によれば、とくに沖縄では多数の**兵役忌避者**が生まれるという。それは兵役を避けるため、「普通語を故意に知らさる真似を為す者」が多かったからであった。

既述のように、屯田兵の召募は翌三二年で終了するのであるが（最後の屯田兵は四三四戸が天塩国士別・剣淵に入植）、屯田兵の徴兵免役特権は、現役と予備役の家族のみに限定されることになり、後備役屯田兵の家族には、新たに兵役が課されることになった。もともと徴兵制とは別枠の、志願による屯田兵家族にも、次第に徴兵制が適用されていったのである。

札幌第七師団は、独立野戦部隊から正規師団へ改編されていった。ただし徴兵に関しては、道内出身者だけで入営者を供給することは困難で、その兵員は当分、第一・第二・第七・第八師団から徴集することになった。こうして昭和期まで、兵士の内地依存は続いたという。

ところが明治三二年二月、第七師団は、石狩川上流の**石狩国上川郡旭川村**（翌年旭川町）に隣接する、**鷹栖《たかす》村字近文《ちかぶみ》**付近に、**移転**することが内定したという。近文の一部は、三五年に**旭川町**（大正二年市制施行、北緯43度）に編入される。三二年一〇月、月寒の独立歩兵大隊は**歩兵第二十五連隊**と改称され、翌一一月には、第七師団を野戦師団に編成するため、二十五連隊の人員が四分された。そして、それぞれ第二十五・**第二十六・第二十七・第二十八連隊**の隊号が付された。新たに**歩兵四連隊**が発足したのである。そして、札幌月寒の師団司令部は三四年一〇月、法官部を除き旭川に移転することになる。敷地は約一二二万余坪であった。地元では早速、「第七師団軍隊歓迎準備会」が発足した。

この移転・建設工事の一切は、「政商」といわれた**大倉組**（後の**大倉財閥**）によって成されたという。同社の創業者は越後新発田出身で、幕末維新期に鉄砲店を開業し、「御用商人」となった**大倉喜八郎**（商人子息）であった。地元の業者らは、大倉組による「一手請負」を批判し、公平な競争入札を要請したが、叶わなかったという。地価も一〇倍近くに高騰し、総工費は四〇〇万円以上であった。大倉は後に、日露戦役への貢献などを理由に「男爵」に叙せられる。

全ての移転完了は翌三五年一二月で、旭川に第七師団が改めて発足したのである。**旭川師団**の誕生であった（地名の旭川師団への正式改称は昭和一五年八月）。大倉組は工事完成記念として、偕行社建物を師団に寄贈（八月上棟）している。同社は師団将校らの子弟のために、私立**北鎮**尋常高等小学校を、衛戍地内に開校（明治三四年四月）した。

新たな師団長には永山中将に代わり、やはり薩摩閥の陸軍中将**大迫尚敏**《なおとし》（旧薩摩藩士、後の大将）が補された。師団の下士・兵卒は計九七二三名であった。現在の**陸上自衛隊旭川駐屯地**（旭川市春光町）の起源である。

また、移転が完了する約半年前の三五年五月五～六日、**近文練兵場**の一隅（野戦砲兵第七連隊前）に**小祠（遥拝所・招魂社・招魂斎場）**を建立し、旭川師団初の招魂祭を執行している。同祠も大倉組からの寄付であった。

「北鎮第七師団址地之碑」
（旭川市・春光町・陸上自衛隊旭川駐屯地）

神式により大迫師団長主祭の下、戊辰以来の靖国合祀者のうち、北海道有縁の戦没者の招魂祭であった。戦没者の慰霊顕彰であると共に、師団将兵に「無言の教訓」たらしめるためであった。これは旭川での最初の招魂祭でもあり、**「旭川招魂祭典」**と称されている。以後数年間は、五月五〜六日が同祠の例祭日となる。

さらに、**旭川衛戍《えいじゅ》病院**（後の**旭川陸軍病院**・国立旭川療養所道北病院）が開設（三三年）され、またこの頃、五〇〇〇坪を以て、**旭川陸軍埋葬地**（後の**旭川陸軍墓地**、敗戦時は四一一一坪）も設営されている。同埋葬地は一五区に分けられ、一区はさらに七〇区に分割されて、計一〇五〇の墓地区画が作られた。その場所は、鷹栖村近文台の西（現在の近文墓地の東側、旭川市花咲町）であったという。

陸軍埋葬地は、そもそも陸軍戦没者を埋葬するためのものではなかった。陸軍部隊が設置され、将兵の訓練が行われていくが、この兵営生活のなかで病死者や事故死者が出現していく。こうした死者を埋葬するために、埋葬地が設営されたのである。陸軍衛戍病院（陸軍病院）とセットになっていたのである。

なお、アイヌ人は**「北海道旧土人」**と規定され、理不尽な差別・不利益を受けることになる。とりわけ、鷹栖村字**近文のアイヌ人居住地**の買収をめぐっては、大倉組が暗躍し、アイヌ民族の追い出し（天塩国名寄原野への移転）を図ろうとしたことは、周知の事実であるという。また師団移転に伴い、いくつかの不正疑惑も囁かれていた。こうした師団建設工事に関しては、後の**帝**

国議会（明治二八年一月）で、「**旭川兵営不当建築**」として問題化されている。

いずれにしても、新たに「**軍都旭川**」が誕生し、師団を構成する殆どの部隊が旭川という衛戍地に集中するという、「全国でも極めて稀な師団形態」が作られていく。そして「北鎮都市」の首座は、当初の札幌から旭川に移行していくことになる。

近文（旭川市）の「アイヌ人墓地」

ところで、この師団移転の理由は明らかではないという。もともと師団設置場所については、政府内において、札幌周辺と上川地域とで、意見が大きく分かれていたとされている。とくに従来からの、上川を「北の都、北京の地」「重鎮の地」とする考えが一因であったのではないか、という。

例えば、道庁長官となる岩村通利は明治一四年に、**上川離宮**を建設し、天皇の巡幸を仰ぎ華族・士族を移住させて、同地を北海道開拓の中心地にすることを、政府に建議している。岩村の意志は、二代目の永山長官に引き継がれるというが、遂に上川での「北京」・離宮建設は叶わなかった。黒田清隆を中心とした、札幌勢からの反対も強かったとされている。

「史蹟　上川離宮予定地」
（旭川市神楽岡公園・上川神社）

後に満州事変勃発以降の昭和一〇年代から、道内各地からの**部隊移駐要請運動**が盛んになるというが、旭川市民は必死になって移転阻止運動を展開するという。師団が存在することによって、地元への経済的効果は絶大であったからである。

師団移転によって屯田兵部隊は、陸軍の常備団の枠内から除外されていく運命を辿ることになる。既述の四連隊のうち、**二十五連隊一五九〇名**は、そのまま札幌月寒に駐屯し、いわゆる「**月寒連隊**」となるが、他は旭川駐屯となった。したがって札幌の「北鎮都市」としての役割は、引き続き存続されることになった。

札幌では、三四年五月に**札幌兵談会**が発足し、陸軍歩兵少佐吉田清憲を会頭として、在郷軍人の和親団結と、一般人への尚武心の啓発を目的に活動を開始した。これは後の帝国在郷軍人会の前身である。

また、月寒連隊では同九月一五〜一六日、「月寒開村三十周年記念」として、**「第一回軍旗祭」**を盛大に開催している。軍旗は**「大元帥」**たる**天皇**から親授され、それは「天皇そのもの」であって、最高の礼を以て扱われた。そして連隊と運命を伴にしたのである。この軍旗祭はその後、明治一七年に広島県人によって創始された、地元の**月寒神社**の例祭と重なって、地域を挙げての祝祭に発展していくという。軍の祭典・行事と、地域の民間信仰・神社祭祀との習合がなされていくことに注目したい。月寒村は**「連隊のある村」**として、全国的に知られるようになる。

月寒神社

六　日露戦役と戦没者慰霊

内務省は明治三二年七月、「神仏道以外ノ宗教宣布並会堂ニ関スル規定」を公布し、初めて**キリスト教**を宗教行政の対象として取り扱うことにした。そして翌八月には、文部省が**「私立学校令」**を公布し、公認の学校で宗教教育・儀式を行うことを禁止して、**国家神道**を「宗教を超越」したものとしたのである。

これにより、東京の青山学院や明治学院は中学の資格を返上し、立教中学は寄宿舎でキリスト教教育を実施することになる。また、札幌の**北星女学校**（前身はスミス女学校、後の北星学園）は、初等部を廃止した。さらに翌三三年四月、内務省の社寺局は廃止され、神社局と宗教局が設置された。神社事務を尊重するため、神社行政を一般宗教行政から切り離した。

東京には、かつて黒田清隆が師と仰いだ**西郷隆盛銅像**が、「恩賜公園」たる**上野公園**（台東区上野）に出現するのは、三一年一二月であった。当初、西郷銅像は皇居内での建立が予定されていたというが、これは「賊徒」ゆえに許可されなかったという。上野の銅像（兎狩りの姿）も、当初予定の軍服姿ではなかったが、この銅像建立により、東京での「賊軍・賊徒」としての西郷の汚名は、とりあえず払拭されたのであろう。**皇居**前には西郷銅像に代わり、「南朝の忠臣」として称賛された、**楠木正成銅像**が建立（明治三三年七月）されている。なお、陸軍大将姿（軍服姿）の西郷銅像は、地元の鹿児島城址に建立（昭和一二年五月）された。

他方で、北海道で「黒田王国」を構築した黒田は、翌三三年八月に枢密院議長のまま急死した。そして三年後には、札幌大通公園に軍服姿の**黒田銅像**が建立（三六年八月）されている。建設費は七九七〇円で、札幌における最初の銅像である（後に金属供出で撤去）。当時は新聞が**「銅像流行」**と書いたほど、全国的に一種の銅像建設ブームであったという。

西郷隆盛銅像
（東京・上野公園）

対外的には、中国大陸で三三年六月、**北清事変**（義**和団事件・明治三十三年戦役**）がおこり、欧米列強と共に日本も派兵した。旭川師団は動員されていないが、**広島第五師団**（前身は**広島鎮台**）を主体とする部隊が大陸に派遣された。既述の陸軍少将福島安正は、その語学力が買われ、臨時派遣隊

現在の黒田銅像（中央、左はケプロン銅像）
（昭和 42 年 10 月〔北海道百年記念〕、札幌大通公園）

「北清事変　天津城の攻撃」（靖国神社・大灯籠）

司令官付として出征している。

日本軍兵力は計二万二〇〇〇名に上り、米英露など**八カ国連合軍**七万の中核部隊となった。同七月一四、連合軍は**天津**（北緯39度）を攻略し、翌八月一四日には、義和団が支配する**北京**（北緯39度）に入城している。これは日本軍主導の、日本陸軍が行った最初の連合作戦となった。

同事変後、欧米列強は清国内に地歩を拡大していき、日本は三五年一月、対露戦略を視野に入れて日英同盟を締結することになる。そして日本は国際的に**「極東の憲兵」**たる地位に置かた。同事変戦没者は**一二五六名**（靖国合祀者）であった。同事変では、日赤道支部から看護婦一名が派遣されている。なお、日清・北清両戦役において、日本軍兵士は、食と眠とを欠いて身体・精神を病み、多数の**「狂者」**と**「自殺者」**を生み出したという。

三六年九月、函館では**「函館開港五十年祭」**が執行されるが、同年には**函館要塞**が完成している。とくロシアは満州方面への侵出を拡大化していった。こうした状況が一因となり、日本は三七年二月一〇日、ロシアに宣戦布告することになる。**日露戦役（明治三十七八年戦役）**の勃発である。

これは、近代日本が初めて直面した**「千古未曾有の国難」**であり、総力戦であった。同戦役がいかに激烈なものであったかは、その戦没者が日清戦役の約六・五倍、**八万八四二九名**（靖国合祀者）に達していることからも想像できよう。また、負傷者は一四万三〇〇〇名に及んでいた。

屯田兵と深く関わった永山中将は、日露戦役中の三七年五月に没したが、旭川師団に出動の下令が入ったのは、六月の**満州軍総司令部**（司令官は陸軍大将大山巌）発足後の、同八月四日であった。同日には**月寒連隊**（三大隊・一二中隊編成）にも出動命令が、電報によって伝えられた。同一七日には動員結集を終え、大陸出兵前の猛訓練が実施されることになる。

屯田兵は後備役として、新琴似・篠路の両兵村から**八二名が召集**されたが、そのうち過半数の四二名は月寒連隊に所属していた。兵村各戸が「日の丸」を掲揚し、人々が一斉に叫ぶ「万歳」の声に送られて、彼らは出征していったという。日清戦役とは異なり、今回は屯田兵も烈しい戦火の渦中に投げ込まれることになった。

各部隊はまず、**第四師団**が置かれた**大阪**に集結することになり、一〇月二〇〜二一日、将兵は札幌駅から鉄道にて大阪に向かい、ここから海路で遼東半島の**大連**（北緯39度）に渡った。同師団は、長州出身の陸軍大将**乃木希典**（旧長州藩士、後の学習院院長、大正元年一月自決）指揮下の、

乃木希典の胸像
（京都市伏見区桃山・京都乃木神社）

「白襷隊」
〔平塚 1999〕

第三軍に所属した。同軍は、大連西方の**旅順**（北緯38度）を攻撃する部隊であった。

とくに月寒連隊は決死隊である特別支隊、いわゆる「**白襷《しろたすき》隊**」の主力として、**二〇三高地**（**爾霊《にれい》山**）の激戦に参加した。夜陰でも敵味方を識別できるように、全員が「白襷」を掛けたのである。白襷隊三一〇五名のうち、月寒連隊からは過半数の**一五六五名**が参加した。

群馬県からは、**旭川師団に一二〇〇名**ほどの将兵が所属したとされている。本県高崎には**歩兵第十五連隊**（**高崎連隊**）があったが、群馬県人は北海道の部隊にも召集され、大陸に派遣されたのである。高崎連隊も第三軍に所属し、「白襷隊」には同連隊から**三三二名**が加わっている。当然のことながら、白襷は敵にも見分けがついたため、逆に敵の標的となり、白襷隊はほぼ**全滅**した。**戦没者の戒名**には「**旅順**

群馬県（旧新田郡鳥之郷村）出身の「陸軍歩兵一等卒勲八等功七級今井佐平之墓」
（旭川師団歩兵第二十七連隊に入隊し二百三高地の「激戦」で戦死、29歳。戒名は「旅順院忠宗誠覚居士」。日清戦役では東京第一師団歩兵第三連隊に入隊。明治40年12月1日建立、群馬県太田市烏山中町・妙英寺）

「北緯 50 度　樺太露国側国境標」
〔伴・市川　1935〕

院」などと記された。なお、全国的には日清戦役で召集され、再び日露戦役で召集される者が多かったという。

日本軍が**約六万名**にも及ぶ多数の死傷者を出し、一五五日を費やして攻撃した旅順は、漸く三八年一月一日に陥落した。そして、米国での**日露（ポーツマス）講和条約締**結は、同九月五日であった。

一方この間、戦時下の三七年九月九日には、屯田兵条例等が廃止され、三〇年に及ぶ**屯田兵制度は完全に廃止**となった。

講和条約締結以前の三八年七月、日本軍は**樺太（サハリン）**全島を占領したが、同条約により、日本は同島の**北緯五〇度**以南も領有することになった。**樺太庁**官制公布は四〇年三月（当初の樺太庁は**大泊（コルサコフ）**）で、軍政分離となったが、当面は旭川師団長が統括する**樺太守備隊**司令官が、樺太庁長官を兼任することになった。そして翌四月から、樺太への「移住者取扱所」が道内に設置された。これにより、既述の対雁のアイヌ人は、樺太へ帰還することができたという。

日露戦役のなかで、「近代日本最初の軍神」たる、海軍の**「軍神広瀬武《たけ》夫《お》中佐」**（旧豊後岡藩士子息、海軍兵学校卒）が生み出された。広瀬は敵の砲火により肉塊になったというが、これに対して陸軍も負けじと、**「軍神橘周《しゅう》太《た》中佐」**（長崎の庄屋子息、陸軍士官学校卒）を創り上げる。両者とも九州出身で、**広瀬神社**（大分県竹田市）と**橘神社**（長崎県島原市）が創建され、靖国祭祀に包含される形で、カミとして祀られた。

「日露戦役　第二回旅順口閉塞の広瀬中佐」
（靖国神社・大灯籠）

橘周太銅像
（橘神社、撮影・同社）

「奉天入城」（靖国神社・大灯籠）

そもそも、靖国合祀された軍人は全て「軍神」であったが、なかでも特別な人物をあえて「軍神」と称して美談化し、尊崇の対象としたのである。以来、多くの軍神が誕生し、**「軍国美談」**として教科書にも登場していくことになる。またこの頃、出征軍人の**「武運長久」**を祈る「千人針」や「陰膳《かげぜん》」の風習がおこり、「慰問袋」の製作なども始まるという。小学生も出征兵士を見送るなど、戦役行事に動員されるようになる。

甚大な損害を蒙った旭川師団は、戦役後の三八年一二月一日、**奉天**（北緯41度）付近の戦没者のための慰霊碑を北陵北方の畠地に建立し、慰霊祭を執行した。大迫師団長は、**奉天会戦**の戦没者**一〇六一柱**の霊前に玉串を捧げ、涙で途切れる弔辞を読んだという。

第三軍司令部が凱旋の途についたのは三八年一一月であったが、月寒連隊を始めとした同師団は、この年現地で越冬し、翌三九年三月三日に同連隊は室蘭に入港した。そして部隊が完全に札幌に帰着したのは、三月一七日であった。動員下令以来、七ヶ月後のことであった。

月寒連隊の最終的な戦死・戦病死者は、**一〇四〇名**（異説あり）に及び、同師団全体では

四五〇〇名（異説あり）に上ったという。このうち、北海道を本籍地とする戦死・戦病死者は**一三二九名**、札幌区・札幌郡（現在の江別市・広島町を除く）を原籍とする者は**五四名**であった。

また将兵以外では、**日赤救護看護婦**は戦時・事変等において、常に召集に応じなければならなかったという。同戦役では、日赤道支部から第六救護班として、医師・看護婦ら延べ三一名が**函館要塞病院**に派遣された。その他、第一〇二救護班延べ四〇名・臨時救護班延べ二二名なども、外地等に派遣されている。こうした救護員の死者は、医師**一名**・看護人**一名**・看護婦**三名**の**計五名**であった。

「救護　兵站病院ニ於ケル日本赤十字社救護看護婦ノ活動」
（靖国神社・大灯籠）

このうち三名の死没看護婦は、病院船乗組看護婦で、そのなかの**一柳ツカ**（第一〇〇救護班）は**篠路《しのろ》村**出身であった。一柳は陸軍病院船「横浜丸」（大連・広島間を往復）で勤務し、当時流行していた**ジフテリア**に感染して、**広島陸軍病院**で病没した。一柳の葬儀は、生家のある篠路村の寺院で盛大に営まれ、靖国合祀されたという。

北海道には続々と戦没者の遺骨・遺髪が届けられ、負傷者の帰還も相次いでいた。**旭川町**では、同町が旭川駅で最初に迎えた戦没者の遺骨は、三七年一一月一二日に帰還した藤田某（中島在住）であった。当時同町では、戦没者の葬儀は一切個人として実施し、町は関与しないことになっていたが、町民に対してはできるだけ沢山の人々が葬儀に参列するよう呼びかけていた。したがって藤田の葬儀は町葬（公葬）ではなかったが、**「国事殉難戦没者」**として、道庁長官を始めとした当局高官の弔辞があり、二〇〇〇名が参集するという盛大なものであった。世間の人々に対して、さすがに「尋常一様の死ではない」、ということを知らしめたという。

一方、**札幌**でも、**公共機関や宗教団体などによる戦勝祝賀会や慰霊祭等が開催**されているが、それを一覧にしたものが**表1**である。

札幌支庁では三八年一月、**「戦死者に対する葬儀」**は、各町内あるいは隣接地町村の戦死者とできるだけ**合同葬儀**で執行するよう、取り決めていた。また、出征軍人等の遺家族救済のために組織された、**札幌奉公義会**（明治三七年三月一〇日発足）も、「戦死者の葬儀」や「遺骨送迎」等に関して、規約を定めた。表1で示したように、**月寒連隊**補充大隊では、旅順陥落後の同一月二三日、**六九名の「遺骨遺髪分配式」**が初めて行われ、新聞にも葬儀の広告が頻繁に掲載されるようになるという。

国難に殉じた戦没者を**「公葬」**により**「英霊」**として丁重に祀ると共に、「公葬の場」を通して、「銃後の軍国体制」が形成されていった。つまり、戦没者は全て**「名誉の戦死」**という位置づけを与えられていき、遺族の心情や地域社会の世論を満足させるべく、戦没者慰霊等が企画されて

表1　札幌で開催された公の機関等による日露戦役関係の祝賀会・慰霊祭等

明治年月日	事　　項
37・2・22	札幌神社、北海道庁長官が勅使となり宣戦布告奉告祭を開催
同・2	豊川稲荷、宝祚長久海陸軍戦勝祈祷を執行
同・2	成田山、皇軍必勝敵国降伏の大護摩秘法を執行
同・3・13	仏教各宗連合会、戦没者追悼会を開催
同・4・17	北海タイムス社、旅順海戦大祝勝会（大祝賀会）を大通西四丁目で開催し1万数千名が参加。仮装行列・提灯行列・戦勝祝賀演劇会を実施
同・6・5	征露戦死者大追悼会を中島遊園地で開催
同・9・4	愛国婦人会札幌幹事部、出征軍人の湯茶接待を札幌駅頭で実施（月寒連隊への慰問を決定）
同・9・5	遼陽占領を祝して札幌戦勝祝賀会を大通西五丁目で開催し、仮装行列・提灯行列を実施
同・9・5？	豊平村、「開村以来の盛会」とされる戦勝祝賀会を開催
同・9・11～12	札幌区各宗連合仏教会、征露軍人戦死者追悼吊会を大通西五丁目で開催し2万名余が参列
38・1・4	北海道製麻（株）、旅順陥落祝捷行列を実施
同・1・5	札幌区・札幌村・円山村・白石村、連合で旅順戦勝祝賀会を開催
同・1・5	豊平村、旅順陥落戦勝祝賀会を開催し、月寒連隊まで提灯行列を挙行。旅順陥落祝捷会（大通）に区内小学生も加し、農学校・中学校・師範学校生徒による提灯行列も実施
同・1・10	山鼻村・琴似村、旅順戦勝祝捷会を開催
同・1・11	篠路村、旅順戦勝祝捷会を開催
同・1・23	月寒連隊補充大隊、69名の遺骨遺髪分配式を挙行
同・2・12	月寒連隊、戦没者葬儀を大通練兵場で執行
同・3・21	札幌区、奉天戦勝祝賀会を松月楼で開催
同・4・2	大本営認可戦況報告「日露戦争活動大写真」、札幌座で上映
同・4	北海仏教団・仏教各宗連合会、追悼会を開催
同・6・1	札幌区内小学校職員・児童が参加し日本海海戦戦勝祝賀会を札幌神社で開催
同・8・2	愛国婦人会、招魂祭の追悼式で戦没者遺家族を菓子・弁当で慰労し救護金を支給
同・11・11	歩兵第二十五連隊が帰札し、凱旋軍隊歓迎会を挙行
同・11・13	札幌区内小学生職員・児童ら4000名、凱旋軍隊歓迎式を大通西五丁目で開催
同・11	愛国婦人会、日露戦役凱旋軍隊を札幌・岩見沢駅頭で歓迎
同・12・9	愛国婦人会札幌会員、戦死者遺族傷病兵救護の慈善演芸会を札幌座で開催
同・12・9	平和克服奉告祭を札幌神社で執行
39・3・8	美国団活動写真興行の映画（「大山元帥凱旋」「東郷大将凱旋」等）、上映
同・4・1	仏教各宗連合会、戦死病没者追悼会を開催

※現地調査および今井（2005）、札幌市教育委員会（1994）、札幌市（2008）、旭川市史編集会議（2012）等により作成

「日露戦役　日本海海戦戦艦三笠橋の東郷元帥」
（靖国神社・大灯籠）

いったのである。

例えば、札幌での陸軍歩兵中尉安斎寅吉（札幌農学校出身、道庁土木部勤務）の葬儀は、三八年四月五日、白石村の白石小学校で開催された。官公署・学校・各種団体など約一四〇〇名が参列し、「同村開村以来の盛葬」といわれた。

また、表1にある三八年六月一日の**「日本海海戦戦勝祝賀会」**は、午前中から札幌神社で開催された。同海戦の英雄は、当時世界最強といわれた**露軍バルチック艦隊（第二太平洋艦隊）**を破った、**日本海軍連合艦隊**司令長官で、薩摩出身の海軍大将**東郷平八郎**（旧薩摩藩士、後の軍令部長・元帥）であった。同社ではこれに合わせて「祝捷祈願臨時大祭」が執行された。境内に参集した人々は約二万名以上で、その後人々は市中を練り歩き、万歳を三唱して勝利に歓喜の声を上げた。さらに夜に入っては、提灯行列が果てしなく続いたという。昼夜にわたり、すさまじい「狂奔の態」が繰り広げられたのである。

戦役後の三九年一月には、奉天陥落（入城）日（三月一〇日）が**「陸軍記念日」**に、日本海海戦日（五月二七日）が「**海軍記念日**」と定められる。東郷は「**陸の乃木**」に対して、「**海の東郷**」と称されるようになる。乃木と東郷も、やがて神社に祀られ「軍神」となる。

そして同四月中旬から、旭川師団野戦部隊の凱旋に際し、同師団が**全道挙げての臨時招魂祭**を実施している。これは各衛戍地ごとに執行され、函館では四月一四〜一五日、札幌では同一七〜一八日、旭川では同二〇〜二一日に、各練兵場で行われた。こうした儀式を通じて、戦没者は「**武士道の鑑**」として、崇敬の対象にされていった。

既述のように札幌では三九年四月一七日、**月寒連隊の臨時招魂祭**が開催されている。陸軍歩兵中佐平賀正三郎以下、**九六八名**の霊を祀るべく、札幌大通公園の旧練兵場（起源は屯田兵の練兵場）で行われた。この日、特記すべきは、神官でも僧侶でもなく、連隊将校の手で「神式の祭祀」が執行されたことであるという。また、同八月には**札幌在郷将校会**が、「**旅順忠魂碑**」建設義捐金として三四円を、中央委員会に送金している。

日露戦役において、華やかな戦勝祝賀と、厳かな戦没者慰霊とは表裏一体をなしていた。とくに「**未曾有の戦没者**」が生み出されたことで、号泣し途方に暮れる、**全国九万世帯**に近い多くの**遺族**らの姿が、浮き彫りにされていくことになった。同戦役がもたらした深刻な影の部分であった。

こうして多くの若者が死に、地域社会・農村社会が疲弊しているなかで、元帥府は四〇年四月、「**帝国国防方針**」を初めて制定した。日露戦役後の陸海軍の軍事戦略・用兵の基本方針が公にされ、「陸軍は北進論、海軍は南進論」を唱えることになる。

上伊那招魂社
（明治 39 年 11 月竣工、長野県伊那市中央・伊那公園）

戦没者の増大によって、国民の戦没者慰霊への関心は一挙に高まり、全国各地では**招魂社創建**の動きが活発になっていく。全国の日露戦役戦没者は、基本的には靖国神社の祭神となるが、東京から遠隔の地においては、容易に靖国参拝は実現しない。そこで、招魂社がない地域では、地元に**靖国神社の分社**（**末社**）たる招魂社を創建し、地元出身の戦没者を祀り、日常的に祭祀を行っていこうとしたのである。

内務省は明治三九年四月、全国的に「**神社整理**」を推進することを表明し、町村の行財政改革運動たる、「**地方改良運動**」の一環をなしていくが、その整理がほぼ終了するのは大正三年半ばであった。したがって、各地での招魂社創建を許可することは、こうした政策に逆行するものであり、同省としては直ちに受け入れられるものではなかった。

だが、世論の高まりには抗しがたく、同省は一つの方針を示すことになる。四四年二月二三日に発した、左記の「**招魂社創立ニ関スル件**」（秘甲第一六号神社局長内牒）である〔大原 1984〕。

近時各地方ニ於テ招魂社ノ創立ヲ発企シ、往々出願ノ向モ有之候処、**官祭私祭ヲ不問**、招魂社ノ現存セル地方ニ於ケル戦病死者は之ニ合祀ヲ許スヘキ途有之候ニ付、新ニ設立スル必要無之。若シ既設ノ招魂社ナキカ、又ハ之レアルモ位置偏奇シ極メテ不便ヲ感スル等特設ノ必要アルト認メラルル場合ニ有リテハ、其事由及左記ノ事項ヲ具シ稟議相成度。

一、**祭神ハ別格官幣社靖国神社合祀ノ者ニ限ル**

一、**本殿拝殿及鳥居**ノ設備アルモノ

一、境内地ハ参百坪以上ニシテ官有地ナルカ又ハ神社有ノ民有地ニ限ル　但シ土地ハ状況ニ依リ面積弐百坪迄減少スルコトヲ得（以下、略）

日露戦役後の混乱した時代にあって、内務省の意図は遺族の心情を押さえ込むように、全国各地での招魂社創建の動きを規制し、戦没者慰霊に対する国家統制を強化する点にあった。とくに新設の招魂社の祭神を、「靖国神社の合祀者に限定」したことで、祭神に関する新たな枠組みが設定された。日露戦役後、**一〇五社**に達していたとされる全国の招魂社は、その祭神の規定からしても、靖国神社の分社（末社）として位置づけられていくことになる。他方で一般の神社を減らしながらも、靖国（国家）祭祀体系は拡大されていった。

既述のように旭川師団では、すでに小さな招魂社（遙拝所）を建立していたが、日露戦役後、戊辰以来の道内における戦没者は**五〇〇〇名**近くに達していた。こうしたなかで四〇年四月、師団

が直接執行している招魂祭はどこにもないので、同師団から、旭川町か道庁のどちらかで招魂祭を主催して欲しい、という要請を出したという。そこで、同町では町主催で招魂祭を執行することにした。

これと共に、招魂斎場を移転してはどうかという、師団からの要望も検討することになった。しかし移転する適地が見つからず、結局は**陸軍省用地**（旭川市花咲町一丁目）を**招魂社敷地**として確定し、同地に斎場を移して、同六月に**町主催の第一回招魂祭**を開催した。そしてさらに、新たに招魂社を創建する議がおこったのである。

明治四三年六月、薩摩閥の師団長**上原勇作**中将（旧都城藩家老子息、後の陸軍大将・元帥）と、同じく北海道庁長官**川島醇**（旧薩摩藩士子息、衆議院議員）の発起により、全道を対象に寄付金募集を開始した。目標金額は五万円で、うち二万円を建設費に、三万円を維持基金に当てる予定であった。

建設起工は同九月で、翌四四年五月一〇日には、既述の陸軍省用地に招魂社が竣工したという。これが新生の**第七師管招魂社**（**旭川招魂社**）で、後の北海道招魂社である。師団本部の膝元ということで創建が許可されたのであろう。

翌六月四日に落成式を、同五～六日には招魂祭を開催し、全道の戦没者が合祀されたのである。例大祭は六月五～六日と定められ、以来、師団長および道庁長官が交代で祭主を務めたという。これが**「第七師管招魂祭典」**であった。

同招魂祭典は、師団と道庁との共同主催となり常置委員が置かれたが、旭川町も地元である故を以て、その費用を負担することになり、その盛典を期することになったという。日露戦役戦没者の同社への合祀者は、**三三二五名**であった。こうした「軍都旭川」での招魂社創建は、「軍都札幌」での慰霊顕彰活動にも、影響を与えたことは確実であろう。

また日露戦役後、日本統治となった南樺太では、樺太庁が太泊から**豊原**（**ユジノサハリンスク**、北緯46度）に移転した。そして同地には四三年七月、札幌神社・**台湾神社**（明治三三年創建、後の**台湾神宮**）に倣い、「開拓三神」を祀る**樺太神社**（八月官幣大社）が創建されている。例祭は八月二三日（樺太庁始政記念日）であった。

札幌では既述の札幌兵談会が、四一年二月一〇日の「紀元節」を以て、**札幌在郷軍人団**と改称したが、二年後の四三年一一月三日の「天長節」（後の明治節）を期して、既述のように、全国的な帝国在郷軍人会（会長は陸軍大臣寺内正毅大将）が結成された。既述のように、旭川招魂社の建設が発起された年である。同会は、**ドイツ帝国在郷軍人団**を模範として組織されたという。

これに伴い同日、札幌在郷軍人団は**帝国在郷軍人会札幌区分会**となった。当時の同会員は二〇〇〇余名を擁したという。また同日、**帝国在郷軍人会旭川分会**も発足している。以来、在郷軍人会により、ムラやマチに軍事・軍隊組織の楔が打ち込まれていき、忠魂碑等の建立が展開されていく。陸軍は「**良国民の育成**」を軍隊教育の主目標とし、在郷軍人会を通じて、「**良兵即良民**」を養成することを最大の目的としていた。

ところで、明治八年以来の屯田兵の召募は、二〇余年続き明治三二年で終了した。これに伴い三三年五月下旬、それまでの**屯田兵招魂碑保存会**（発足年月不詳）は、**札幌招魂碑保存会**（社団法人）と改称した（異説あり）。そして三年後の三六年、同保存会により、屯田兵招魂碑を移転する計画が決定されている。こうして同碑が偕楽園から南方の、既述の**中島遊園地**（明治四三年一月**中島公園**と改称）に移転されたのは、四〇年七月の地鎮祭を経て翌八月であった。

また、この移転より少し前の四〇年四月三日には、「神武天皇祭」を期して日露戦勝記念として、第七師団を率いた陸軍大将**大迫尚敏の銅像**が、中島遊園地に建立されている。建設費は三五四五円余であった。また翌五月には、師範学校と関わりが深かった創成小学校に、陸軍省が日露戦役記念品を寄贈し、その他の希望校にも頒布したという。

屯田兵招魂碑が建っていた偕楽園は、三〇年に民間に払い下げられて私有地となり、競馬場も中島遊園地に移転するなど、同遊園地は偕楽園に代わり、日清戦役頃から札幌における娯楽センターとして機能していたようである。とくに夏季には、同遊園地に日没後も多くの人々が訪れ賑わっていたといい、多数の札幌市民の耳目を惹く機会のある同地は、本康宏史のいう「軍都の慰霊空間」としては、最適の場所として見なされていたに違いない。

招魂碑移転後の同碑の状況については、同碑前で祭典を実施することになり、それまでの「仮拝殿」を廃し、さらに「祭壇」を新設することになったという。同碑には拝殿が設けられていたことがわかる。そして、この移転に伴い四一年二月、同地にかつての第三軍司令官であった「陸の乃木」、つまり**乃木希典書の「忠魂碑」**（遺骨なし、後の**札幌忠魂碑**）が建立される。五月には月寒連隊長らが参列して、落成式が挙行された。

ただし遠藤由紀子によれば、屯田兵招魂碑は新設された忠魂碑の下、地中に埋められ、地上から姿を消したという。なぜ、屯田兵招魂碑が地中に埋められたのか不明であるが、内務省は「碑表」の林立を警戒していたから、こうした政策から処理された可能性はあろう。新たな神式の慰霊施設たる忠魂碑が、旧来の招魂碑に取って代わることになった。これは、屯田兵戦没者が忠魂碑に合祀された、と解釈してもよいのであろうか。この点は不明である。

「札幌忠魂碑」
（札幌護国神社）

例えば、既述の本県でも、第三軍に所属した高崎連隊との関係で、「希典書」の忠魂碑は多く確認できる。戦没者のための碑である**「忠魂碑」**は、**「忠霊塔」**（遺骨あり、戦没者合葬墓）と共に**「ムラやマチの靖国」**

旧桃野村（群馬県利根郡みなかみ町）の「忠魂碑」（希典書、明治40年4月18日建立、福祉作業所ぴっころ〔旧桃野村役場〕西方の高台）

といわれ、忠魂碑の建立は日露戦役後、全国的に一般化していく。

中島遊園地の忠魂碑には、日清戦役戦没者で屯田兵陸軍歩兵太尉大村武以下**四四名**と、日露戦役戦没者の陸軍歩兵中佐平賀正三郎以下**一〇二二名**の、**計一〇六六名が合祀**されたという。つまり、札幌区連隊司令部所管の対外戦争戦没者を祀ったようである。ただし、既述のように日清戦役では、臨時第七師団からは戦没者が出ていなかったはずであるから、この四四名の戦没者が何を意味するのかは不詳である。あるいは、台湾戦役での戦没者が含まれているのであろうか。

いずれにしても日露戦役、中島遊園地には、新たに大迫銅像および「忠魂碑」が出現した。これにより四二年一月、従来の札幌招魂碑保存会は**札幌忠魂碑保存会**と改称し、同一二月には、忠魂碑は**「札幌忠魂碑」**と改称され、祭日は八月六日に改められたという。この時点で、地中に埋められた内戦での屯田兵戦没者の存在は忘却されていき、対外戦争戦没者の「札幌忠魂碑」が人々の注目の的になっていった。

このように一つの忠魂碑に、一〇〇〇名を超える戦没者が一挙に祀られたことで、忠魂碑は、靖国神社や各地の招魂社と全く同一の機能を有することになった。つまり札幌忠魂碑は、戦没者を祀る「記念施設」かつ「宗教施設」であり、札幌においても「戦没者の共同祭祀」という形態が確立した、といえよう。以来、札幌忠魂碑の祭典たる八月の**「忠魂祭」**は、既述のように、六月の**「札幌祭」**（札幌神社祭礼）と共に**「札幌の二大祭」**の一つとして、札幌区民の最大の娯楽の一つになっていくという。

こうしたなかで、**「札幌神社鎮座四十年祭」**は四一年九月一日に執行された。同社は日清戦役後に官幣大社に昇格し、「北海道の総鎮守」としての地位を確立していた。とくに日露戦役後の同社の祭礼は、盆と正月が一緒に来たような賑わいになるという。

さらに同一一月には、陸軍中将**永山武四郎**（明治三七年五月没）の**銅像**も、札幌大通公園に建立された。なお、永山は後に、「初の平民屯田」であった**旭川永山兵村**の鎮守たる、**永山神社**（明治二五年創建、旭川市永山）に、同社の「守護神」として祀られる（大正九年九月）ことになる。

また、四四年六月一日には、**第一回北海道庁殉難警察官招魂祭**が、**「殉難警察官之碑」**除幕式と共に開催されている（会場不詳）。神式により執行され、そこでは「兇賊逮捕の際、或は密猟取締」、さらに日露戦役従軍による殉難者**二一名**が祀られたという。「国家の宗祀」たる国家神道

永山神社

永山神社の「忠魂碑」
（第七師団長新井亀太郎書、昭和 5 年 9 月建立）

永山神社の永山武四郎銅像
（平成 6 年 6 月建立〔永山神社創祀 100 年記念〕）

の浸透が拡大していくのである。

なお四四年には、**地中に埋められていた「屯田兵招魂碑」**は、再び掘り出されて、中島遊園地に再現されたという。それは、琴似・山鼻等の旧屯田兵村側からの苦情により、再建されたのである。同招魂碑を地中に埋めておくことは、北海道開拓に専心し、命を賭けて遥か九州で戦い、国事に殉じた屯田兵魁の歴史を完全に封印することになる。屯田兵子孫にとって、これは耐えがたい状況であったに違いない。以来、大迫銅像および招魂碑と忠魂碑は、日露戦役後の時代において三位一体の関係となった。

表2は、**日露戦役前後の札幌での忠魂碑等の建立状況**である。あくまでも概観であるが、例えば大正元年二月、**琴似神社**境内に建立された**「忠魂碑」**（陸軍中将林太一郎書）除幕式は、翌二年六月二九日に開催された。同除幕式には、在郷軍人会を始めとした各会員や学校関係者・児童など、数百人が参列し、神職と僧侶による儀式も執行されたという。

琴似村忠魂碑建設委員長で、**帝国在郷軍人会琴似村分会**（同分会は明治四三年一〇月発足）の会長であった山田貞介は、明治八年に最初の屯田兵として、**奥州会津**から同村に移住した。西南戦役や日清・日露戦役に従軍し、同式辞では、明治維新以来の対外戦争の経緯とその正当性を説いた後、次のように述べている〔札幌市教委 1994〕。

惟フニ三十七八年ノ役効果実ニ偉大ナリ、蓋シ世界列国ニ向テ対等ノ位置ヲ占メ得ルト

表2　日露戦役前後の札幌での建碑等の状況

建立年月日	題　号 （揮毫者）	建　立　者	建立場所 （神社創建年）	備　　考
明治30・1	紀念碑〔琴似屯田開村記念碑〕 （陸軍中将永山武四郎）		武早神社 （明治8、後の琴似神社）	琴似に入植した屯田兵は、旧藩祖で亘理城（臥牛城、宮城県亘理町）の城主伊達藤五郎成美の遺徳を敬慕し、武早智雄神と尊称してこれを祀り、武早神社を創建した。同社は明治30年に移転されて琴似神社と改称し、平成6年には土津霊神（会津藩祖保科正之）を祭神に加える。現在は「屯田の森」に建立
明治36・8・25 （除幕式）	**黒田清隆銅像**		**大通西七丁目**	
明治37・9・1	招魂碑		石山・平安農場	
明治39	征露凱旋紀念碑	丘珠青年組	丘珠神社 （明治15）	
明治40・4・3	**陸軍大将大迫尚敏銅像**		**中島遊園地**	
明治41・2	**忠魂碑** **（乃木希典）**		**中島遊園地**	**札幌忠魂碑**。日清日露戦役戦没者1064名を合祀
明治41・5・20	忠魂碑		新琴似神社 （明治20）	新琴似兵村。戦没者7名
明治42・7・15	忠魂碑		江南神社 （明治24）	篠路兵村
明治42・11・10 （除幕式）	陸軍中将永山武四郎銅像		大通公園	
明治43・11・27	**吉田善太郎頌徳紀念碑**		**月寒干城台公園**	歩兵第二十五連隊の誘致に尽力
明治44・6・1 （除幕式）	**殉難警察官之碑**			日露戦役殉難者21名を含む
明治44・12・12 （除幕式）	忠魂碑		篠路村	

大正1・11	**忠魂碑（陸軍中将林太一郎）**	忠魂碑建設委員会（帝国在郷軍人会）	**琴似神社**	除幕式は大正2年6月29日。数百名参列
大正2・10・26	鉄道殉職碑		苗穂鉄道工場	305名を祀る
大正4・9・19	**忠魂碑（陸軍大将大迫尚敏）**	帝国在郷軍人会？	**月寒干城台公園**	豊平町
大正4・11・10（大正天皇即位礼）	**村社琴似神社**		**琴似神社**	**大正天皇即位記念**
大正5・5・5	御大典記念碑	第二十五連隊長	月寒兵営内・下士官集会所庭	大正天皇即位記念
大正7・3（7月とも）	忠魂碑	帝国在郷軍人会？	手稲神社（明治11）	手稲村
大正7・5	忠魂碑	帝国在郷軍人会？	厚別神社（明治18）	豊平町厚別
大正9・7・30	日露戦捷開村紀念碑		白石神社（明治5）	白石村は旧白石藩（城址は宮城県白石市）士族が開拓。「北海道開拓の先駆者たるの名誉を荷ふものなり」とある
大正9・9・15	忠魂碑	帝国在郷軍人会？	信濃神社（明治29）	白石村厚別
大正9	忠魂碑	帝国在郷軍人会？	石山神社	豊平町石山
大正10・9・12	忠魂碑	帝国在郷軍人会？	豊平神社（明治17）	豊平町
大正13	屯田兵本部跡		琴似神社近く	開村50年記念。現在は「屯田の森」に建立

※現地調査および今井（2005）、遠藤（2008）、歴博（2003）、札幌市教育委員会（1994）、札幌市（2008）、旭川市史編集会議（2012）等により作成

琴似神社の「忠魂碑」

月寒の「忠魂碑」

益々皇威ト武力トヲ発揚シ、今ヤ孜々トシテ国運ノ発展宇宙ニ冠タリ、**之レ忠勇義烈ノ余栄ナリ**（中略）国家曠古ノ大事ニ臨ミ凡ソ生ヲ天ニ受ケル者、誰カ国家ニ貢献スル覚悟ナカルヘカラス、以テ永久不朽ヲ顧ミ満腔ノ慷慨熱血ヲ注キ有志ト謀リ、**忠魂碑**ヲ建立シ伏シテ仰キ慰藉セントス

日露戦役の勝利によって、日本は漸く欧米列強と肩を並べることになったが、それは戦没者の「忠勇義烈」の賜物であり、「忠魂碑」を建立して、心から「忠魂」を慰霊するものであるとした。

とくに会津藩は、既述のように戊辰戦役以来、「朝敵・賊軍の巨魁」とされ、いわれなき汚名を着せられ、会津人は「会津降人」と称され、差別されて苦難の歴史を背負ってきた。会津士族の山田分会長にとっても、日露戦役における日本の勝利は、すなわち自分自身および会津の同胞たちの勝利・名誉回復と、重ね合わされていったのであろう。同碑は、山田らのアイデンティティーの象徴であり、この除幕式前の五月には、**「会津会札幌支部」（旧会津人会**が発足している。

龍源寺「勢至堂」の軍人木像

なお、本県藤岡市の**龍源寺**（曹洞宗）の「勢至堂」には、**一六二体の「日露戦役戦没者木像」（軍人木像・忠魂像）**が、また同伊勢崎市の**宝珠寺**（曹洞宗）には、**二〇体**の対外戦争戦没者軍人木像が安置されている。同様の事例は、静岡県藤枝市の**常昌院**（木像二二三体、通称「兵隊寺」、曹洞宗）や、岐阜県美濃市の**善光寺**（木像**九五体**、浄土宗）でも確認できる。

道内では江別市の**天徳寺**（浄土宗）に、**野幌《のっぽろ》屯田兵村**の日露戦役戦没者、**三二体**の軍人木像が安置されているという。また、北見市の**信善光寺**には、軍服姿の**「屯田兵人形」（木像）七五体**が展示されている。これらは靖国祭祀とは別に、戦没者等が寺院で**「ホトケ」**とし

善光寺「英霊堂」の軍人木像

て祀られている典型であろう。「常民文化」において、死者は一般的に「カミ」であるよりも、「ホトケ」であったのである。

七　札幌招魂社の創建

明治四五年七月三〇日の**「明治大帝」**の死去は、「富国強兵」と「殖産興業」に邁進した、文字通り明治時代の終焉であった。天皇は東京ではなく、生まれ育った京都の伏見桃山に埋葬（土葬）され、「巨大な古墳」たる**伏見桃山陵**（京都市伏見区桃山町）が造成された。そのまま死後も「カミ」として祀られたのである。

伏見桃山陵

そして、「陸の乃木」であった乃木希典は、明治天皇の死と共に、東京青山練兵場での「大喪の礼」（大正元年九月一三日）の際に、夫婦で自害した。乃木は戦没者ではなかったが、東京を始め全国各地に**乃木神社**が創建され、明治天皇と同様に「カミ」として祀られた。道内では、**函館乃木神社**（函館市乃木町）が創建（大正五年）されている。乃木神社は、乃木の**「巨大な忠魂碑」**であった。一方、東郷平八郎も昭和九年に病死し、東京渋谷の**東郷神社**に祀られることになる。

京都乃木神社
（明治天皇桃山陵に対して「北面の武士」として鎮座しているという。京都市伏見区桃山町）

「記念館　日露戦争第三軍司令部」
（京都乃木神社）

大正期に入ると、その戦役は、**第一次世界大戦とシベリア（西比〔伯〕利亜）出兵**であった。金石文には、両者をまとめて**「大正三年乃至九年戦役」**と刻まれている。このうち、旭川師団が直接関わるのは、「大正九年戦役」（シベリア戦役、シベリア出兵）であった。ただし、第一次世界大戦では、**日本海軍は地中海に艦隊を派遣**し、連合軍の船団護衛を実施したが、欧州への陸軍部隊は派遣していない。これは英仏の不信を招くことになるという。

札幌では大正二年七月、「明治天皇一年祭」にあたり、大通公園（大通逍遥地、明治四二年頃から整備）で遥拝式が挙行され、道庁長官以下一〇〇〇名が参加したという。

また**札幌農学校**は、東北帝国大学の創設（明治四〇年六月、三番目の帝大、初代総長は沢柳政太郎〔旧松本藩士、後の成城学園創立者〕、後の東北大学）に伴い、**東北帝国大学農科大学**に昇格していたが、七年四月、明治期以来の道民・札幌市民の念願であった帝国大学たる、**北海道帝国大学**（五番目の帝大）に発展した。札幌農学校の発足以来、とくに「北海道拓殖上」、大学の設立が叫ばれたのである。この帝国大学の創設により、北海道の教育制度は内地と同格になった。

京都乃木神社の「忠魂」碑
（陸軍大臣陸軍大将南次郎書）

「第一次世界大戦　日本海軍地中海遠征」
（靖国神社・大灯籠）

さらに七年八月一日には、札幌中島公園で**「開道五十年記念北海道博覧会」**開会式が行われ、同五日には**「開道五十年記念式」**が開催されて、開拓功労者一三〇名が表彰された。翌九月中旬までの同博覧会観覧者は、延べ一四〇万名に及んだという。また同九月一日には、**「札幌開府五十年記念式」**が札幌神社で執行されている。北海道帝大の創設は、この「開道五十年」に合わせたものと推測される。同年の道内人口は、二一六万七三五六名（アイヌ人は除く）であったが、これは開拓使設置時の明治二年のそれと比べ、三七倍に増加していた。なお、七年秋頃から、日本国内でも**「スペイン風邪」（インフルエンザ）**が大流行し、一五万名の死者を出すことになるという。

対外的には、既述の博覧会開会式の翌二日、日本は**ロシア革命**への干渉を目的にシベリア出兵を宣言した。この前年二月、**岡山第十七師団**と交代するため、旭川師団に**満州守備隊（駐劄）**出動の命令が下り、五月には月寒連隊が**小樽**から出航していった。かつて西南戦役時も小樽からの出兵であったが、こうして旭川師団は大陸に上陸し、満州での任務についた。そして約一年後には、予期せぬシベリア戦役に参加することになる。

シベリア戦役では、旭川師団は北満から極東ロシア三州に侵攻し、七年一一月の第一次世界大戦終結により、翌八年五月、同師団は旭川に帰還した。月寒連隊は**四名**の戦没者を出していた。そして翌九年二月以降、同師団は再びシベリアに派遣された。

九年三〜五月には、黒竜江（アムール川）河口の**尼港**《にこう》**（ニコラエフスク**、北緯53度）で、日本軍将兵・居留民ら**七〇〇余名**および捕虜**一二二名**が、抗日パルチザンに殺害されている。**尼港事件**であった。原因は、休戦中のパルチザンを日本軍が攻撃したことによる、とされている。旭川師団からは**多門支隊**が尼港に派遣されたが、間に合わなかったという。

同師団は一〇年七月に帰還するまでの約一年間、極寒の地で転戦することになり、月寒連隊の戦没者は**一三名**であった。なお、尼港事件の戦没者のうち、軍人・軍属・領事館職員は靖国合祀されたが、その他多くの民間人や領事夫人たちは、靖国非合祀である。**合祀基準**の曖昧さが露呈された、典型的な事例であった。

内地では大正四年一一月一〇日、**京都御所**で**大正天皇**（嘉仁《よしひと》、明治天皇第三皇子）の**即位礼**が挙行された。これにあたり、道庁長官（代理）は、札幌神社に勅使として派遣され、札幌区民は神

「西伯利亜出兵　田中支隊忠魂碑」
（歩兵第七十二連隊田中勝輔少佐以下約 260 名の忠魂、昭和 9 年 2 月 26 日建立、靖国神社）

「尼港殉難碑」
（帝国在郷軍人会札幌市分会が事件 7 周年にあたり昭和 3 年 10 月に札幌市内旭ヶ丘に建立。同 35 年 8 月に札幌護国神社に移転）

式儀礼で**「奉祝」**するよう、札幌区役所より指示された。

即位礼当日には、各門戸に国旗を掲げ、注連縄を張り、神棚を清め供物を供えて、一家団欒して「聖寿」の万歳を祝すこととされたのである。また各小学校では、紀元節等の**「三大節」**（三大祝祭日）と同様に、御真影開扉・君が代合唱・教育勅語奉読が実施され、札幌神社への参拝が行われたという。そしての大通公園では、奉祝行事が開催された。

「為御即位紀年」とある旧上佐鳥村（群馬県前橋市上佐鳥町）の「富国強兵」碑（大正 4 年 11 月 10 日建立、春日神社）

全国的には**「御大典《たいてん》（大礼）記念」**として、建碑等が注目される年であり、この一大国家行事は、日露戦役後の国民統合が加速度的に推進される契機となった。四年一月には、札幌支庁管内の帝国在郷軍人会各分会連合会が旗揚げし、三月一〇日の「陸軍記念日」には、同会札幌分会が総会を開き軍事講話を実施している。さらに五月には、道庁主催の全道の官吏を対象とした、「地方改良講習会」が実施された。

札幌区会は四年一一月、**「大礼記念塔」**の建設を可決しているが、予算不足のため同塔建設は延期された。既述の表2でいえば、**「村社琴似神社」碑**の建立は、この即位礼の日付である。このように重要なのは戦役ではなく、国家行事との関連で建碑等がなされるようになった、ということであろう。

全国の招魂社の総本社たる靖国神社では、大正三年一月に同社の**「合祀祭」**は**「大祭」**となり、翌四月には、陸軍省が**「靖国神社祭式」**（省令第二号）を制定している。さらに八年五月、**「靖国神社鎮座五十年記念祭」**が開催され、一〇年六月には、その記念として**「第一鳥居」**が竣工した。

「村社琴似神社」碑
（琴似神社）

これは日本最大級の鳥居で、後に「空を衝くよな大鳥居」と歌われることになる。「大正三年乃至九年戦役」の同社合祀者は、**四八五〇名**と記録された。

また九年一一月には、**東京代々木**に広大な敷地を有し、「英主」たる明治天皇を祭神とする**明治神宮**（官幣大社、渋谷区代々木）が創建された。こうして東京には、「巨大な忠魂碑」たる靖国神社に続き、「大東京の巨大な総鎮守」たる明治神宮が出現することになる。とくに明治神宮は、近代の創建神社のなかで最大の規模を有した。同神宮の社地のうち、内苑は皇室の南豊島御料地、外苑は、天皇大喪の際に斎場が置かれた青山練兵場であった。

政府は一二年九月一日の関東大震災による社会混乱を契機に、同一一月一〇日、**「国民精神作興ニ関スル詔書」**（作興詔書）を発布した。米騒動以来の社会問題の解決と、共産主義思想などの防止を図るためであった。今後は、欧米の新思想を受容した各種の社会運動を排除し、国民道徳の主軸は「皇祖皇宗ノ遺訓」を拠り所にするという、政府の方針が明示されたのである。

これを受けて北海道庁では、翌一三年三月に**北海道精神作興会**（会長は道庁長官）を設立し、各町村にも分会の設置を指導して、教化網の整備が進められる。こうした国家神道関連の拡充は、全国の神社界や国民生活に影響を与えることになった。

この間、札幌中島公園では大正四年四月、日露戦役凱旋紀念として、同地の札幌忠魂碑の建立場所に**「鳥居」**が奉納された。軍・遺族関係者によるものと推察されるが、同碑は宗教施設、つまり神社としての体裁が完成したことになる。

その後、札幌忠魂碑保存会は一〇年一二月一日、**札幌招魂社**の創立を出願し、翌一一年七月一日に認可されたという。同保存会は、**札幌招魂社崇敬会**に改組となるが、やがて一五年五月に発足する、**札幌招魂社奉賛会**（会長は札幌市長）に継承される。ただし、札幌招魂社の創立年月日は不詳であるという。既述のように、大正一一年七月一日以降の創建であることは確かである。

同社の創立後は、札幌忠魂碑前に仮設の**拝殿**を建設し、一二年から、八月一五日（蝦夷地を北海道と改称した日）に**「忠魂祭」**が実施された。同社には、日露戦役戦没者**一一〇名**が合祀され、そのなかには既述の看護婦一柳ツカも含まれているという。一柳は札幌招魂社**「最初の女性軍神」**となった。また、函館要塞関係の**函館（箱館）招魂社**への合祀は、**五名**であったという。

札幌招魂社は、既述の江差招魂社（明治二年五月）・箱館招魂社（明治二年八月）・福山招魂社（明治二年九月）、そして第七師管招魂社（旭川招魂社、明治四四年五月）に次いで、道内では五番目に創建された。ただし、江差・箱館・福山三社のように「官祭」とはならず、**「私祭」**であったと考えられる。札幌・旭川・函館などは、大正一一年八月から市制施行となるが、時代はやがて昭和期の満州事変を経て、日本は中国との本格的な戦争に突入していく。その間、同社は装いを新たにして、札幌市民の前に立ち現れることになった。

なお、大正一四年四月の「陸軍現役将校学校配属令」により、全国の中等学校以上で**「軍事教練」（学校教練）**が開始された。**小樽高商**では同一〇月、野外演習で配属将校が、**朝鮮人**を「仮想敵」としたことで、学生・労働者が抗議する事態がおこった。いわゆる**「小樽軍教反対事件」**である。

八　札幌護国神社の成立

昭和二年四月一日、従来の徴兵令は廃止され**「兵役法」**が公布された。これは第一次世界大戦後の国家総力戦体制づくりに相応する、新たな兵役制度の創出をめざしたものであった。例えば、青年訓練や学校教練の普及に伴う在営期間の短縮によって、事実上の青年訓練・学校教練の義務化が図られた。つまり、学校教育を軍隊教育に直結させようとしたのである。

また、主として満州を対象とする国外の開拓民に対しては、実質的な徴兵免除とし、兵役義務と重要国策との調和に配慮しているという。さらにこの時点では、「戸籍法」の適用を受けない朝鮮人・台湾人を兵役義務の外に置いている。いずれにしても、昭和期以降の日本の対外戦争戦没者は、この「兵役法」によって徴兵された人々が主体となった。

札幌では翌三年三月、**帝国在郷軍人会札幌市連合分会**の発会式が挙行され、同会員は六〇〇〇名を突破したという。また同六月は、**「靖国神創立社六十年」**（数え年）にあたり、同社では初めて**「創立記念祭」**を開催した。さらに同一一月一〇日、**昭和天皇**（裕仁《ひろひと》、大正天皇第一皇子）の**即位礼**が京都で挙行された。この**「御大典」**は、大正天皇の即位礼を遥かに上回る盛大な国家行事で、近代天皇制国家の絶頂期を象徴する盛儀となった。

札幌ではこの即位礼当日、札幌拝賀式を大通り広場で挙行している。数千名の市民が参加し、全国および道内各地でも同様の式典が開催された。なお、後に帝国在郷軍人会に貸与されることになる、靖国神社付属地の**「軍人会館」**（後の**九段会館**）は、この「御大礼記念」として建設（昭和九年三月）されたものである。

中国大陸では三年五月、山東省で**済南事変**《さいなん》がおこり、さらに六年九月一八日には、満州の**関東軍**（日本軍、前身は関東州・満鉄の守備隊）の謀略により、**奉天**郊外の柳条湖で中国軍と交戦になる。

樺太大泊楠溪町の「表忠碑招魂祭」（昭和２年７月12日）に参列する旭川師団の一部隊と参拝者〔伴・市川　1935〕

「御大典記念」の旧黒保根村（群馬県桐生市黒保根町）の「忠魂碑」（陸軍大将一戸兵衛書、昭和３年11月10日建立、忠霊塔公園）

この**柳条湖事件**（**満鉄爆破事件**）を契機に、**満州事変**が勃発した。以後、昭和期の新たな戦没者を出現させていく重大な出来事となった。いわゆる**「十五年戦争」**の始まりで、夥しい数の戦没者を生むことになる、**「大東亜戦争」**（**太平洋戦争**）の遠因となった。

翌七年七月、**旭川師団北支派遣部隊**の先発隊が編成され、旭川二十八連隊は旭川駅から、月寒連隊は札幌駅から大陸に向けて出発した。さらに九月には、同師団に一個混成旅団(約三〇〇〇名)を編成して、満州に派遣する命令が出され、同旅団は翌月、奉天に到着している。同師団を取り巻く雰囲気は、俄に緊張感を高めていったのである。

札幌市中では、**「護れ満州、我が帝国の生命線」**などと題する、軍人による講演会等が開催されるようになる。また、「満州国に職を求め群れをなして殺到」し、などという記事も掲載された。満州の地図も飛ぶように売れたとされ、人々の関心が一挙に高まっていくことになった。

戦線の拡大と共に、中国大陸では日本軍戦没者が増加していったが、八年七月四日には、札幌を本営とする将兵二七六名が凱旋し、札幌駅から大通まで歓迎の人々で埋まったという。一方、同二五日には、**三三名**が札幌へ**「死の凱旋」**をしている。また同一〇月には、札幌市在郷軍人連合会が、月寒連隊に市内補充兵六〇〇〇名を召集して、模擬演習を実施した。満州事変勃発から八年九月一五日までの二年間で、日本軍戦没者は**三二六六名**に上り、そのうち道内戦没者は**一五七名**であった。一〇年三月一八日には、月寒連隊が凱旋している。

ところで、凱旋した将兵の大多数が待ち受けていたのは、「失業の苦」であったという。旭川師団では同年、**除隊兵**に対して**満蒙開拓**への斡旋を行っている。その斡旋は、拓務省が募集する**「武装移民」**（**自衛移民**）とは異なり、**「鉄路自警移民」**と呼ばれるものであった。それは、武装移民よりはるかに条件が良かったという。「第一回鉄路自警移民」三〇戸は、同五月に北海道を出発し奉天に向かった。除隊後の復職は容易ではなく、大きな社会問題となっていく。

こうしたなかで、中島公園の札幌招魂社は、新たな場所に移転されることになった。移転問題は大正期から出ていたようで、広い土地を求めてのことであったと推測されるが、詳細は不明であるという。満州事変による新たな戦没者の増加が、これを後押ししたのであろう。

同社奉賛会が中心となり、敷地の選定等にあたっていたが、不況などの影響で移転は延引していたものの昭和七年一一月、**同公園の南隣**にあたる、南十四・十五条西四丁目（または五丁目）の**市有地**（市の無償付与、二八〇〇余坪）へ、移転が決定した。

翌八年四月二六日、総工費四万円で移転・新築工事が始まり、同一一月一日には、札幌神社宮司の寺田蜜次郎が初代受持神官に就任した。当時、招魂社の神官は他社との兼務が一般的であった。そして同一七日には、社殿（本殿七坪余、拝殿三七坪余）が落成し、竣工の神殿祭・遷座祭（札幌神社に祀られていた霊代を移した）が執行された。また、例祭も翌一八日に開催されたが、翌年以降は七月五日から三日間を大祭にしたという。これが新生の札幌招魂社（遺骨なし）で、後の札幌護国神社である。

同社表参道には翌九年五月、**愛国婦人会**（同会北海道事務所は明治三五年発足）の広瀬治恵により、大鳥居一基が奉納され、同六月には、屯田兵招魂碑と札幌忠魂碑が境内に移された。翌七月には、**帝国在郷軍人会札幌支部**によって、**「札幌招魂社」碑**（陸軍大将正三位勲一等功二級渡辺錠太郎書）が建立され、また同月には、**札幌傷痍軍人会**が獅子・狛犬一対を寄進している。さらに、日露戦役凱旋紀念として奉納されていた鳥居も、一〇年一〇月には境内に移転された。こうして、同社の外観は現在目にする形になったのである。ただし、既述のように「私祭招魂社」であったと思われる。

同社の維持管理に関しては、九年六月に**札幌招魂社維持委員会**が発足し、「札幌招魂社ノ維持経営ニ関シ必要ナル事項ヲ評議スル」ことになる。同委員会は、同社奉賛会役員・月寒連隊長・札幌市長など一八名で構成されていた。

「札幌招魂社」碑
（札幌護国神社）

この**昭和九年**は、とくに新たな戦役・戦没者出現などはなかったのであるが、金石文によれば、同年は**「日露戦役三十周年」**の記念すべき年であった。同三月、**満州国**は帝政を実施し、既述のように靖国神社では軍人会館が落成して、翌四月には、同社に**国防館**（後の**靖国会館**）が竣工した。さらに一〇月には同社の神門も完成している。また陸軍省は一〇月、いわゆる**「陸軍パンフレット」**を配付し、「戦争は創造の父、文化の母」と軍国主義を賛美し、広義国防を主張していく。

満州事変戦没者は一万七一七四名（靖国合祀者）であったが、この時期における招魂社創建に関して、政府の方針はいかなるものであったのか。それは昭和九年一一月一九日の、内務省から発せられたと思われる、**「招魂社創立内規ニ関スル件」**（発社第五八号決判）によって知ることができる〔大原 1981〕。

「振武　日露戦役三十周年　昭和九年特別大演習　記念」
（近衛騎兵連隊長笠原幸雄書、昭和 9 年 11 月 15 日建立、群馬県大泉町坂田・長良神社）

「満州事変戦没者合祀碑」
（鹿児島戦没者墓地〔永吉陸軍墓地〕、鹿児島市永吉）

一、招魂社ナキ府県ニ在リテハ其区域一円ヲ崇敬区域トナスモノニ限リ一社創立ヲ認ムルコト

二、府県ニ既存ノ招魂社アルモ其崇敬管内一円ニ亘ルモノナキ場合ハ其内一社ヲ当該府県一円ヲ崇敬区域トスル招魂社タラシムル様勧奨セシムルコト

但シ特別ノ事由アリテ府県一円ヲ崇敬区域トスル招魂社タラシムルコトヲ得サル場合ニ於テハ府県一円ヲ崇敬区域トスル招魂社一社ノ創立ヲ認ムルコト

三、府県ノ区域内ニ師団管轄ヲ異ニスル歩兵聯隊ノ設置アル等特殊ノ事情アリテ止ムヲ得サル場合ハ当該府県内ニ新ニ二社迄之カ創立ヲ認ムルコト

四、**北海道ニ付テハ別ニ考慮スルコト**

五、**祭神ハ別格官幣社靖国神社ニ合祀セラレ**其地方ト縁故ヲ有スルモノニ限ルコト

六、社殿境内其ノ他ノ設備ハ**府県社**ニ相当スル規模タルヘキコト（以下、略）

七、特殊ノ事情ナキ限リ受持神官ハ専任者ヲ設クルコト

八、維持資金ハ五千円以上タルヘキコト

既述のように、北海道にはすでにいくつかの招魂社が創建されていたが、北海道については「別ニ考慮スルコト」とあり、特別扱いとなっていた。つまり北海道での招魂社創建に関しては、「内地」ではなく、「外地」に準ずる扱いであったのだろう。また、新たな招魂社の祭神については、

既述のように日露戦役後に規定されたが、ここでも再度、靖国神社の合祀者であることが明記されている。したがって、札幌招魂社の祭神もこれに則り、靖国神社の分社（末社）として、靖国祭祀体系のなかに位置づけられたのである。

一方、師団本部のある**旭川**でも、旭川招魂社の再建に向けて動いていた。同社の境内は狭く、社殿も老朽化するなど、**「北海道随一の軍都」**の招魂社としては問題が多かったという。また、既述のように東京に靖国神社はあるものの、遠く離れた北海道の人々が靖国神社に頻繁に参拝するのことは、不可能であった。したがって、身近な場所で「英霊を永遠に奉斎する招魂社」の再建が求められたのである。

そこで、同社の維持管理を北海道庁長官より委任されていた、旭川師団長**杉原美代太郎**中将（東京出身）らの働きかけにより、昭和八年九月、招魂場改築および境内整備工事が着工した。そして翌九年一一月一二日、本殿・拝殿等が竣工した。工事のための寄付金は、一三万二〇〇〇円余に達したという。

さらに、関係者により**「北海道招魂社創立願」**が内務大臣宛に提出され、翌一〇年四月二六日、新たに北海道招魂社の創立が認可された。同六月四日には、北海道庁長官が斎主として、「竣工奉告祭」並びに「鎮座祭」を執行した。ここに従来の旭川招魂社は、**北海道招魂社**（遺骨なし）と衣替えをした。受持神官には、**上川神社**（県社、旭川市神楽岡公園）の社司が任命されている。これが後の北海道護国神社である。

「北海道招魂社」碑
（北海道護国神社）

北海道招魂社の祭神は、基本的には北海道全域の戦没者が対象となっていく。その祭神は従来の**四八五二柱**に、満州事変戦没者の**四三四柱**を新たに合祀して、**計五二八六柱**となった。一〇年三月には、旭川師団は満州から原隊復帰を完了したばかりであった。

同社には、靖国神社の**「遊就館」**（明治一四年五月竣工）の如き戦役記念館、つまり**「北鎮兵事記念館」**を併置することになり、同記念館は一一年六月五日に開館した。これは現在、**「北鎮記念館」**と改称して、**陸上自衛隊旭川駐屯地**内に移設されている。

同社には現在、**「殉役軍馬之碑」**（昭和九年建立）も確認できる。もともと同地にあったものかどうか定かではないが、同碑には、「師団創設以来ニ於ケル殉役軍馬ノ霊ヲ慰ム」と刻まれた。実体はいわゆる**「軍馬忠魂碑」**であり、軍馬も人間と共に「無言の兵士」「無言の戦士」として、慰霊・顕彰の対象になっていった。

なお、筆者は拙著（2005）にて、北海道招魂社は「官祭」であると記述した。それは、「全道の英霊の総祀社」としての地位が、他の事例からして「官祭」に値するものと考えたからであった。しかし再度の検討により、これを確証する資料を見い出すことはできなかった。したがって北海道招魂社も、札幌招魂社と同様に**「私祭」**であったものと、修正したい。昭和九年の時点で、**官祭招魂社一〇四社・私祭招魂社三四社、計一三八社**とされている。

「北鎮記念館」
（陸上自衛隊旭川駐屯地）

「殉役軍馬之碑」
（北海道護国神社）

「軍馬忠魂碑」
（群馬県高崎市・群馬県護国神社）

外地では、樺太の**豊原**にも、一〇年一一月、**樺太招魂社**（遺骨なし、三万八〇〇〇余坪、後の**樺太護国神社**）が創建（再建）されている。同社は、日露戦役後の**豊原神社**（県社、明治四三年創建）での、日露戦役樺太軍配属「戦死者」たる、**陸軍歩兵少佐西久保豊一郎**（旧佐賀藩士子息）以下、**七五名の招魂祭**（明治四一年七月）を起源としていた。

樺太招魂社は、既述の大正天皇即位の「御大典記念」として、すでに大正四年一〇月に創建されていたというが、改めて**樺太神社**（官幣大社、明治四三年七月創建）の南隣に移転し、再建されたのである。同社には、満州事変後以降の靖国祭神および同非祭神で、樺太在籍および同在住の軍人戦没者**一七柱**が合祀されたという。またこの樺太招魂社も、拙著（2005）では「官祭」としたが、再度その確証は得られなかった。これも**「私祭」**であったのだろうと、修正したい。

既述のように、官祭招魂社・官修墳墓の指定は明治八年であったが、この段階で、戊辰・己巳戦役の官軍戦没者を祀った招魂社（招魂墳墓）が、「官祭」として指定されたように考えられる。例えば本県関係では、旧**館林藩**（譜代六万石、城址は館林市）が、戊辰戦役で官軍に与した。そして**三九名**の同藩「**戦死者**」を祀る、「**館林招魂祠**」（遺骨なし、明治二年九月創建）が、明治八年

樺太招魂社の「鎮座大祭」（大正 14 年 7 月 12 日）
〔伴・市川　1935〕

「西久保少佐戦死之跡」碑（除幕式は昭和 6 年 7 月 12 日）
〔同上〕

五月に**「官祭館林招魂社」**（現在の**邑楽《おうら》護国神社**、館林市代官町）となっている。既述のように道内では、江差・箱館・福山の三社が「官祭」であった。

いずれにしても北海道では、満州事変後の八年頃から、「北鎮都市」の札幌と旭川に新たな招魂社が建立されていった。そして、旭川の北海道招魂社の創建により、北海道における戦没者慰

「官祭館林招魂社」碑
（邑楽護国神社）

邑楽護国神社
（旧館林招魂社）

霊の本拠地は、靖国祭祀体系のなかで札幌ではなく、師団本部が置かれた旭川が担うことになった。

他方、札幌月寒干城台には、日清戦役後の正式な師団創設に伴う独立歩兵大隊の発足後、**陸軍埋葬地**が造成されている。後の**札幌月寒陸軍墓地**（六七八七坪）である。現在、道内には札幌以外にも三ヶ所の陸軍埋葬地（**旭川・函館柏野・函館台町**）があったことが、確認できるという。

札幌月寒陸軍埋葬地には、月寒連隊が昭和九年二月三日、同隊の戦没者**一五〇四名**を合祀したという、**「忠魂納骨塔」**（遺骨あり、**札幌市豊平区月寒西・平和公園**）が建立された。既述のように、同年は「日露戦役三十周年」であったが、同塔背の「忠魂納骨塔由来」には、次のようにある〔現地調査、高橋 1993〕。

惟フニ我カ連隊ハ創設以来既ニ三十有余年ノ星霜ヲ経タリ　其ノ間精忠雄節ノ将兵ニシテ身ヲ以テ国難ニ赴キ　**戦傷病没**セシモノ其ノ**芳骨**今ヤ実ニ**一千餘體**ノ多キニ上ル是レ皆生キテハ国家ノ干城　死シテハ護国ノ神霊トシテ　軍旗ノ光彩ト共ニ永ク後人ノ敬仰スルトコロナリ　是レヲ以テ其ノ偉業ヲ偲ヒ　其神霊ヲ慰メンカ為ニ忠魂納骨塔ヲ企テ　広ク官庶ニ計ルニ賛ヲ得ルコト十數萬ニ達シ　国民銃後ノ赤誠溢レテ茲ニ曽ノ實現ヲ見ルニ至レリ　嗚呼忠勇ナル我カ先輩将兵ノ義烈ハ是即チ軍人精神ノ亀鑑ナリ　其ノ勲蹟ヲ敬慕スルノ士ハ須ラク塔前ニ額キテ先人偉功ヲ壮トシ　禮ヲ以テ忠勵ノ誠ヲ誓フヘシ

函館台町陸軍墓地
（函館市船見町）

昭和九年二月三日
歩兵第二十五聯隊長　氷見俊徳

この二月三日には、満州派遣旭川師団の第一陣が、旭川を出発しているが、同塔建立当初、どの程度の遺骨が納められたのか不詳である。

地元では現在、この塔を**「チュウレイトウ」（忠霊塔）**と呼んでおり、満洲事変等の戦没者遺骨を納めた木箱や名簿**約三八〇〇名**分が、塔内に納められているという。管見の限り、これは日本国内での、昭和期における初期の「忠霊塔」の一つと考えられよう。

既述のように、忠霊塔は戦没者の遺骨を納める「墳墓」（合葬墓）とされ、「仏塔」であった。したがって戦没者の墓ということになれば、同塔に祀られた戦没者は、一般的に「カミ」ではなく仏式の「ホトケ」ということになり、カミとして神式で祀られる靖国祭祀とは、当然異なるものになろう。

また、現地に建つ**「佛石塚」碑**（昭和三六年八月一三日、月寒忠霊塔奉賛会建立）の碑文には、この地は**明治三十年以来陸軍墓地**としてこの塚の北側五十米附近に二列に陸軍歩兵少佐鈴木重行外**十九柱**の墓を建てその霊を祀って今日に至ったが此度戦病没将兵の霊地としての公園化に伴ひ其の英霊は納骨塔に合祀し佛石はこの塚の下に収めたものである

とある〔現地調査〕。

将兵の遺骨は納骨塔に納められたが、「墓碑」はつまり「仏石」と認識され、同碑は「仏石を

札幌月寒西・平和公園

「忠魂納骨塔」
（札幌月寒西・平和公園）

埋めた塚」であった。したがって、同地に埋葬されていた将兵は「ホトケ」であった。既述のように、月寒に第七師団が創設され、札幌衛戍病院が開設されたが、これと共に、陸軍埋葬地（墓地）も造成されたのである。既述の旭川での事例と同様に、全国的に陸軍病院と埋葬地とはセットになって、設営されていく。

「佛石塚」碑
（札幌月寒西・平和公園）

さらに昭和一〇年六月二三日には、同地に**「軍馬忠魂碑」（馬魂碑）**が建立されている。月寒連隊が満州より帰還後、数頭の馬が鼻疽《びそ》（炭疽病）に罹っていることが判明した。この病気は日本にはなく、人間にも感染して敗血症をおこすといわれていた。したがって同連隊の軍馬を全て毒殺し、同墓地の脇に穴を掘り、**「火葬」**して埋葬したという。

この「馬魂碑（忠魂碑）ノ由来」については、

歓喜ノ中凱旋シテ不幸悪疫ニ侵サレテ斃レ　或ハ将兵訓練ノ犠牲トサレタル**無言ノ勇士**ノ功績ヲ讃エ其ノ霊ヲ慰メンカ為将兵相図リ以テ碑ヲ建テタリ

とある〔高橋 1993〕。軍馬は、連隊の将兵と共に戦った「無言の勇士」として功績を讃えられ、人間に準じて慰霊顕彰の対象となり、処遇されたのである。

翌一一年二月には、帝都東京で陸軍青年将校らによる反乱、**「二・二六事件」**が勃発した。反乱軍兵力は一四〇〇余名で、軍部は大混乱に陥った。同月末には、旭川師団が道内および樺太島民に対して、軽挙妄動を慎み師団を信頼して欲しい、との声明を発表している。北海道での危機感・動揺の様子が窺えよう。

道内では、函館重砲兵大隊が一一年五月、**函館重砲兵連隊**と改称し、また**陸軍特別大演習**が同年秋、一〇月一～七日に実施された。この大演習は三四回目（初回は明治二五年一〇月）であったが、「道内では初の大演習」であった。大演習に際しては、常に**「大元帥」**たる**天皇の行幸**が伴っていたのである。

「野外要務令」（明治二四年八月）によれば、特別大演習とは戦時を除き毎年実施され、天皇が大元帥として演習を総監すると規定された、「陸軍最大の年中行事」であった。これは、天皇を媒体とした「興国的運動」に他ならなかった。昭和天皇は一一年九月二四日、東京を発って、横須賀から**軍艦比叡**（往復乗船）で北海道に向かい、室蘭を経て二六日、旭川に到着している。

旭川では、旭川師団司令部・**旭川師範学校**（大正一二年四月創立、後の北海道第三師範学校・北海道教育大学旭川校）を行幸し、近文台（春光台）の**「旭川忠魂碑」**（遺骨あり、昭和一一年六月建立）と**北海道招魂社**（遺骨なし）に、祭粢料二五円を下賜している。北海道への天皇行幸は明治一四年以来、五五年振りであった。また、多数の**皇族**も北海道に参集し、満州国からも観戦武官が多数来道したという。旭川市は「奉迎歓喜の一色に塗り上げられ」ていた。

翌一〇月一日、**大本営**および**行在所**は、札幌の**北海道帝国大学農学部**（前身は札幌農学校）に置かれ、天皇統覧の下、**北軍**（旭川師団）と**南軍**（弘前第八師団）に分かれて大演習が実施された。そして同六日には、昭和二年に北海タイムスが開設した**札幌飛行場**（後の**旧札幌飛行場**、北区北二四条一帯）で、**陸軍大観兵式**が挙行された。

天皇臨席の下で、南北両軍等二万五〇〇〇名（三万五〇〇〇名とも）の将兵と軍馬三〇〇〇頭が参加し、また、一三機編隊の航空機や多数の車輌も加わった。**一般観衆は一〇万名**といわれている。札幌はかつての北海道巡幸以来の盛観となり、「一大軍国絵巻」「開道以来の盛観」を呈したという。

この大演習に投ぜられた国費は、一五〇〇万円余であったといわれ、天皇行幸は演習と表裏の関係で、道民に大きな影響を及ぼした。とくに演習と行幸は「内地」の北海道進出であり、これによって市民と道民に内国化を実感させ、国体観念・国防観念を浸透させていく要因になった、とされている。道民が潜在的に持ち続けている「内地」コンプレックスを、和らげる効果をもたらしたのではないかという。

天皇は一〇月一〇日に函館から離道したが、この大演習は、「**近代日本最後の陸軍特別大演習**」となった。翌年から日中戦争が本格化していくからである。

この天皇を迎えた、「不朽の盛事」にして「百世の嘉会」とされた行事を記念（聖徳記念事業）して、札幌市が大通西に「**聖恩碑**」を建立（昭和一四年四月除幕）した。その噴水は、現在も稼働し続けているという。

ところで、既述の「旭川忠魂碑」については、次のようにある〔旭川市史 2009〕。

（前略）理由は不明であるが、陸軍墓地は整理されることになった。（中略）日露戦争の生存者で作る**老兵団**（会長は旭川市会議員安藤勝利）は、**昭和九年**、そこに埋葬されている同戦争での死者**五〇〇余柱**を、火薬庫裏手の春光台に**大忠霊塔**を建設してそこに**合祀**することに決し、（中略）早期実現を目指したという。

こうして、同碑は一一年六月四日に竣工した。

碑はコンクリート製、花崗岩張石仕上げで、高さ一二メートル、碑内部に**納骨棚**があり、一〇〇〇柱の遺骨が収納可能であった。碑には前第七師団長杉原中将揮毫の「**忠魂碑**」の文字が刻まれた。陸軍墓地に埋葬されていた満州事変での戦没者を含む**七〇二柱の遺骨**が碑内に納められ、その墓石はすべて忠魂碑の土台として利用された。その後は、毎年八月十五日のお盆に「師団将校婦人会」を中心に慰霊祭が行われたという。なお、忠魂碑（当時**忠霊塔**とも呼ばれていた）の起工と共に、**陸軍墓地は廃止**となり、同墓地で盛大な改装慰霊祭が同十年九月二日に執り行なわれた。

という〔旭川市史 2009〕。

このように同碑には**納骨**され、**盆（仏式）での慰霊祭**が執行されて、戦没者はカミではなくホトケとされたのである。既述のように、忠魂碑は「**遺骨ヲ納メザル記念碑**」のはずであったが、同碑には遺骨が納められ、完全な宗教施設となった。既述の札幌月寒の「忠魂納骨塔」（チュウレイトウ）の建立は、昭和九年であり、同年は旭川老兵団による同碑の建立発起と重なって、同碑の実態は月寒の納骨塔と同様であった。

例えば本県では、**昭和九年**一一月三日の「明治節」（明治天皇誕生日）にあたり、高崎観音山（二〇〇メートル、高崎市）に「**大忠霊塔**」（**高崎忠霊塔**、現在の**平和塔**）が建立されている。これは戦役・戦没者出現による建立ではなかった。既述のように、同年は「日露戦役三十周年」の年でもあったが、同一一月の**陸軍特別大演習**に伴う天皇行幸に向けて、天皇を迎える「記念施設」として建設されたものである。当時は村や学校も大騒ぎであったという。

同塔には、戊辰戦役以来の、本県有縁の**高崎十五連隊**関係者等、戦没者**三五六六柱**が合祀された。同塔には納骨されていないが、戦没者「過去帳」と「御霊屋」が納められ、**神仏習合**的な祭祀形態となっている。またこれ以外に、**「奉迎塔」**や**「奉迎門」**も建立されている。

こうした本県での事例を念頭におくと、札幌月寒の「忠魂納骨塔」（昭和九年建立）との関係も注目しなければならないが、二年後の旭川においても、「旭川忠魂碑」は天皇行幸に際して、やはり「記念施設」として建立されたのではないかと推測されよう。

現在の高崎「平和塔」
（旧高崎忠霊塔）

同碑は**「旭川忠霊塔」**とも称され、忠魂碑であり忠霊塔でもあった。忠魂碑と忠霊塔が習合、つまりこれも神仏習合したものである。ただし、既述の「札幌忠魂碑」のように、忠魂碑には納骨されていないのが通例であった。したがって納骨され、戦没者墓碑を土台とした同碑は**合葬墓**に他ならない。基本的には、十五年戦争の開始による新たな戦没者の増加が、こうした合葬墓の建立を促進させていったのである。月寒や旭川での事例は、陸軍墓地に替わる慰霊施設として、**碑表**が建立された典型であった。

中国大陸では昭和一二年七月七日夜、**北平**〔**北京**〕西南郊外の盧溝橋で日中両軍が衝突した。

高崎連隊営門前の「奉迎塔」
〔高崎市　1935〕

高崎乗附練兵場入口の「奉迎門」
〔同上〕

昭和９年の特別大演習で戦線巡閲中の天皇（中央の白馬）
〔高崎市　1935〕

盧溝橋事件である。これも関東軍による謀略であったが、この事件を契機に同月下旬には、日本軍は華北への総攻撃を開始し、**「支那事変」（日華事変・日中戦争）**に発展した。日本は泥沼の戦いに突入し、以来、新たに戦没者の増大がもたらされる。

札幌では同七月二七日、**札幌銃後後援会**が発足し、翌八月には、**北海道国防義会**が札幌神社で「国威宣揚祈願祭」を執行し、約五〇〇名が参集している。そして早くも同二九日、**南京空襲**の航空兵曹（札幌郡手稲村出身）以下**八名**の遺骨が、札幌駅などに到着し、新聞は「空襲の勇士　いまぞ母の手へ」などと、「戦死者」を大々的に報じた。また同日、札幌駅頭においても、旭川・岩見沢出身等の戦没者**六名**に関して、慰霊の光景が見られた。

日本軍による**「南京大虐殺事件」**がおこるのは、同一二月であったが、新聞は「南京陥落、愛国の興奮、感激の夜の音頭」などの記事で溢れたという。札幌市は同月、**南京攻略祝賀**の旗行列を実施し、参加者は二万名を数えた。また旭川では同月、「日中戦争最初の戦病死者」である、佐野主計伍長の公葬（市葬）が執行されている。

市中では、出征兵士に送る「千人針」や「慰問袋」などの作製や、「国防献金」「軍事献金」の募集も盛んになり、市民にとって、戦争はかなり身近なものとなっていくのである。鉄道省は同月から、**遺骨移送列車**に「英霊」のマークを張った。

翌一三年二月二七日、旭川師団総員八〇六七名（うち月寒連隊は六四六名）は、旭川・札幌から満州に出発し、三月七日には、中国黒竜江省**チチハル**（北緯47度）に到着した。そして五月には**徐州会戦**にも参加した。とくに旭川屯田兵の子息であった、陸軍大尉**加藤建夫**《たてお》（東旭川村（旭川市）出身、旭川中学校卒、後の少将）が率いる**陸軍飛行隊**は、中国北部戦線での軍功で「感状」を授与されている。以来、毎年一万名以上の兵士が旭川師団から大陸に派遣されたという。

なお加藤大尉は、後にビルマ（ミャンマー）戦線で戦没（昭和一七年五月）し、**「空の軍神　加藤少将」**として喧伝され、靖国合祀された。一方で、**「陸軍少将　加藤建夫之墓」**碑は現在、寺院に隣接する、**旧屯田墓地**であった**旭川市営の愛宕墓地**（旭川市豊岡）内の加藤家墓所に建立され、「ホトケ」として祀られている。

一三年四月一日には、**「国家総動員法」**が公布され、人的・物的資源の国家統制・動員等が可能となり、以来日本の敗戦まで、戦時下の諸統制令（勅令）が発令されることになった。

政府は同法により、一二四万名に及ぶ**「労務動員計画」**を策定し、そのなかに移住朝鮮人八万五〇〇〇名が盛り込まれたという。**朝鮮人**に対する戦時労務動員、つまり強制連行・労働の始まりであった。さらに**中国人**強制連行の閣議決定は、一七年一一月であった。交戦国であった中国人に対する労働条件は、朝鮮人よりも劣悪であったといわれている。

加藤少将の墓碑
（中央、旭川市・愛宕墓地）

愛宕墓地

「満蒙開拓青少年　義勇軍招魂碑」
（長野県伊那市中央・上伊那招魂社）

また一三年五月三日には、**「第一次満蒙《まんもう》開拓青少年義勇軍」**に参加した北海道出身の二二三名が、札幌駅を出発した。二ヶ月後の七月には、第二次同本隊が出発している。既述の除隊兵だけではなく、少年たちも**武装**して大陸に送り込まれる時代となった。彼らは戊辰戦役時の**「会津少年白虎隊」**にも似た、悲惨な運命を辿ることになる。

こうしたなかで一三年五月二七日、道内出身**五〇〇柱余**の英霊合同慰霊祭が、札幌円山公園で開催された。さらに同七月七日には、札幌神社で**「支那事変一周年記念・国威宣揚武運長久祈願祭」**が執行されている。また旭川では七月、岡崎大佐以下の徐州会戦戦没者**六〇柱**の合同慰霊祭が、市集会所で執行された。大陸から帰還した将兵は、出征した兵員数よりも、約一万五〇〇〇名ほど少なかったという。

道庁は同八月一五日、円山公園で**「開道七十年記念式典」**を挙行した。そして同日、札幌神社で**「開拓功労者慰霊祭」**を開催しているが、同一二月には、札幌神社境内社（末社）として、**開拓神社**（無格社、後の北海道神宮末社）の鎮座祭が執行された。

開拓神社

開拓神社は、北海道開拓の功労者**三六柱**（後に**三七柱**）を祀るもので、祭神には鍋島直正・島義勇・黒田清隆・岩村通利・永山武四郎などが名を連ねている。例祭日は八月一五日（蝦夷地の北海道改称日）であった。なお、**岩村銅像**が同一一月、「旭川で最初の公園」となった、常磐公園（常盤通三丁目）に建立されたという。

靖国祭祀に関連しては、戦没者の増大により日露戦役以来、「忠魂碑の第二次建設ブーム」がおころうとしていた。これに対して政府は一三年二月一六日、内務省警保局長・神社局長通牒たる、**「支那事変ニ関スル招魂社又ハ記念碑ノ建設ニ関スル件」**（警発甲第一四号）を発している〔大原 1984〕。

支那事変ニ因ル戦死者ニ対シ、其功績ヲ頌揚スル為招魂社又ハ記念碑ヲ建設セムトスルノ計画各地方ニ有之哉ニ及聞候処、招魂社ノ建設ニ付テハ詳細通牒可致見込ナルモ、記念碑ノ建設ニ付テハ（中略）徒ニ其ノ計画ノ儘ニ之ヲ建設セシムルトキハ自然建設ヲ競フコトトナリ、（中略）主トシテ市町村又ハ各種有力団体共同シテ之ガ主体トナリ、**市町村内全戦死者合同ノ記念碑ヲ建設スルコトトシ、**（中略）**以テ忠魂ヲ千古ニ顕彰スルニ過誤ナキ様**御配慮相成度

ここでは、招魂社の建設についての詳細は、別に通牒するとしている。一方、碑表の建設に関しては、碑表の林立を避けるべく、各個人ではなく、公的機関による合同の記念碑（共同祭祀）を建設するよう、指示している。こうした通達によって、招魂社や「忠魂碑」などの靖国祭祀に関係した施設への国家統制は、徐々に強化されていき、戦没者の**「慰霊」**よりも、その**「顕彰」**に重点が置かれていくのである。

ただし、「ムラやマチの靖国」たる忠魂碑は既述のように、明らかに戦没者を祀る宗教施設であったが、政府はあくまでもその宗教性を認めようとはせず、忠魂碑も、単なる「紀念（記念）碑」として位置づけようとしていることに留意したい。既述のように、大原康男の見解は、戦前のこれに依拠したものであった。

靖国神社では一三年四月二一日、陸軍大将**鈴木孝雄**（下総関宿藩士子息、群馬県立前橋中学校卒、後の総理大臣鈴木貫太郎実弟）が、**第四代宮司**に就任し、「初の軍人宮司」が誕生した。そして同

二五～二八日まで、「**日中戦争下で最初の臨時大祭**」が盛大に執行された。同年四月時点での、同社の祭神数は**一三万五九四四柱**であったが、同年秋（一〇月）の臨時大祭での祭神を加えると、合祀者は**一四万五八三三柱**になった。

この四月の合祀の際、**昭和天皇**は**大元帥の軍服**を着用して参拝した。以後、同社への天皇の軍服着用参拝は、一九年まで続けられる。こうして、天皇・陸軍と靖国神社との関係は完結し、同社の軍事施設としての位置づけは揺るぎないものとなった。

そして「**靖国神社創建七十年祭**」は、翌一四年六月二九日に開催され、同社の祭神数は**一五万六二二二柱**に達している。そして以後も合祀は続き、靖国神社（1999）によれば、支那事変合祀者は**計一九万一二一五名**であった。

一方、内務省は一四年四月一日、全国の招魂社を**護国神社**と改称し、護国神社の例祭・鎮座祭・合祀祭に、**神饌幣帛料**を供進することを定めた。国庫から補助金が出されることになった。

「護国」という名称は、もともと「**鎮護国家**」を約した仏教語であり、「靖国」と同義である。一般用語として広く普及していることから、この社名が選ばれたという。護国神社には、**内務大臣指定護国神社**（**府県社格**）と**指定外護国神社**（**村社格**）に二分された。そして従来の受持神官制度は廃止され、指定護国神社には社司・社掌が、指定外護国神社には社掌が、置かれることになった。

ところで、既述の国家総動員法の施行は、一三年五月五日であったが、この日には、それまで

「支那事変戦病没者之墓」
（福岡市中央区・谷陸軍墓地）

の「陸軍埋葬規則」が、「**陸軍墓地規則**」に改正された。これにより従来の「陸軍埋葬地」は、正式に「**陸軍墓地**」と改称されたのである。

陸軍墓地規則は、陸軍の現役軍人、召集中の在郷軍人・学生・生徒および軍属の死亡者について、「**合葬**」に関する規定をしたものであり、陸軍墓地は、基本的には**師団経理部長**の管理下となった。以来同墓地には、「**支那事変戦没者合葬之墓**」といった「**合葬墓塔**」が建立され、個人墓碑は建立されなくなる。原田敬一によれば、「祖先ノ墳墓」たる「**家墓**《いえばか》」への埋葬を本則とし、陸軍墓地には**分骨・分髪**しよう、というものだったという。

陸軍は一四年二月、第三十二～三十七師団の編成を下令し、旭川師団には、新たに**第三十五師団**（師団長は陸軍中将前田治）の編成を命じた。三十五師団は甲府・東京・佐倉の歩兵部隊と、**旭川野砲兵第三十五連隊**を基幹として編成されたという。これら新設師団は、中国占領地の治安維持回復が任務の、いわゆる「治安師団」で、華北・華中へ派遣された。ただし、装備は劣っていたという。

　東京帝国大学では一三年一二月、同学名誉教授で、工学博士・海軍造船中将の**平賀譲**（旧広島藩士〔海軍大主計〕子息、死後男爵）が総長に就任した。初の「軍人総長」の誕生で、翌年一月には、学問弾圧たる「平賀粛学」がおこる。明治期の陸軍砲工学生制度以来の、軍部との関係の一つの帰結点であった。さらに一四年三月には、文部省が**大学**での**「軍事教練の必修化」**を通達した。全国の大学へも、遂に軍靴の足音が本格的に響き始めたのである。

　また、一四年四月八日には**「宗教団体法」**が公布されている。これは「明治以来最初の宗教法」で、その目的は、天皇制ファシズムによる宗教の統制と活用を、完璧にするためのものであった。宗教

「大東亜戦争戦没者之碑」
（福岡市中央区・谷陸軍墓地）

札幌護国神社

同上

全体を国民精神総動員に奉仕させようとしたのである。これにより、宗教団体ごとに「戦時報国会」が設置された。また、道内では**北海道仏教会**が発足する。ただし、同法は**「宗教ではない神社」**に対しては不適用であった。したがって、同法は大きな矛盾をはらんでいたことになる。

既述の内務省通達により、札幌招魂社は一四年四月一日に**札幌護国神社**と改称し、指定護国神社となった。これにより、改めて靖国神社の地方分社（末社）として組み入れられた。同社では同二三日に「改称奉告祭」が執行され、この時点での同社祭神数は**二五九柱**であった。つまりこれが、現在の札幌護国神社（六四一六坪余、祭神数は**二万五五三三柱**）である。

また、旭川の北海道招魂社が**北海道護国神社**（旭川市花咲町一丁目、現在の祭神数は**六万三一四一柱**）に、箱館招魂社が**函館護国神社**（現在の祭神数は**一万三〇〇〇余柱**）と改称し、両社とも指定護国神社となった。さらに、江差招魂社が**江差（檜山）護国神社**に、松前の福山招魂社が**松前護国神社**に改称しているが、両社は指定外護国神社であったのだろう。一方、外地である樺太では、樺太招魂社が**樺太護国神社**に改称している。

北海道護国神社

このように道内には、北海道護国神社を頂点とする、**図**のような**「靖国ピラミッド」**が成立した。図のように、靖国・護国神社および忠魂碑は、「ホトケの領域」ではなく「カミの領域」といえるであろう。ただし、「旭川忠魂碑」のように、カミとホトケの両性を有する事例（神仏習合）も確認できた。

図「靖国ピラミッド」

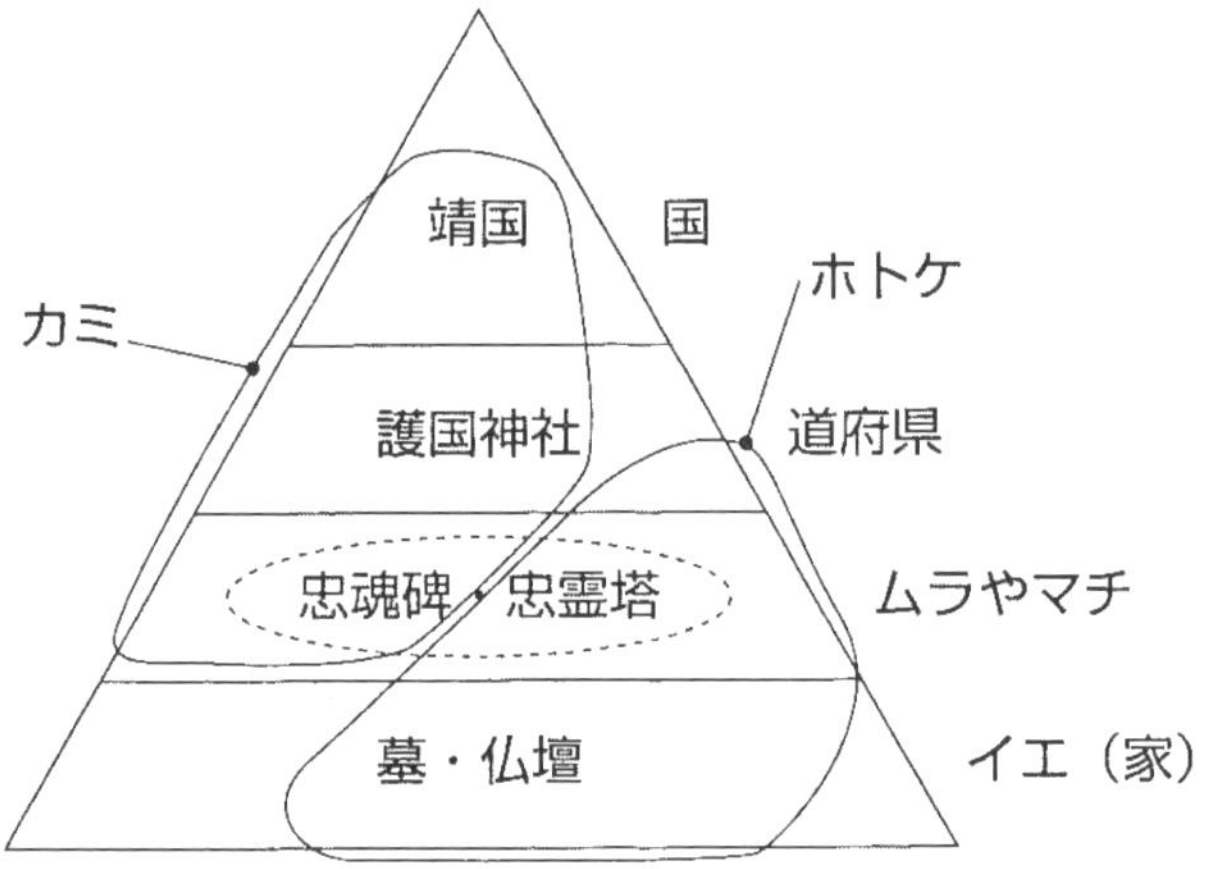

内務省は**「一府県一社」**を基準に、全国で**三四社**を指定護国神社とした。原則として、所在する府県に関係する、靖国神社の祭神を合祀することが規定されたのである。ただし、既述のように北海道は例外であったが、太平洋戦争末期には指定護国神社は**五一社**に達していたという。他方で、指定外護国神社は**八三社**を数えた。両社合わせて**一三〇社**を超えており、北海道以外にも、県内に複数の護国神社が存在する県があった。

札幌護国神社は**札幌連隊区**を崇敬区域とし、また、函館には函館重砲兵連隊が置かれていたから、函館護国神社の崇敬区域は、この連隊区を当てていたと推測される。そして両者を包括する形で、**旭川師団管区**を崇敬区域とする、北海道護国神社が存在したと考えられよう。したがって、対外戦争の札幌・函館の両護国神社祭神は、北海道護国神社にも**重層的**に祀られることになるのであろうか。ただし、詳細は不明である。

ところで近年、第二次世界大戦の終幕が**ソ連**の対日参戦であったように、その端緒も、日ソが戦った昭和一四年五月一一日勃発の、**ノモンハン事件**（**ハルハ河会戦**）であった、とする見解が欧米に現れているという。この「事件」は、**モンゴル平原**での「満ソ蒙国境紛争事件」の一つであるが、明らかな「戦役」であった。現地の**関東軍**は、東京の陸軍中央の意向を無視して、ひたすら戦局を拡大していったのである。

関東軍は**ノモンハン**（北緯47度）に、七万七三〇〇余名の将兵を出動させた。主力部隊は**ハイラル**駐屯の**第二十三師団**（師団長は陸軍中将小松原道太郎）であった。**旭川師団**からは一万六一三名が動員され、戦没者**一一〇八名**・生死不明者**三四五名**、戦傷者一七〇〇名近くを出した。兵員の一割以上の損害を出しており、同師団の損害は少なくなかった。

とくに**二十六連隊**は、大隊長を始め兵員の約七割を失ったという。また、二十三師団の戦死傷率は

「ノモンハン　英魂之碑」
（元歩兵第二十六連隊長須見新一書、昭和 42 年 9 月 16 日建立、札幌護国神社）

約八割で、ほぼ**全滅**状態であった。日本軍全体では、戦没者・行方不明者は**約二万名**とされている。戦場に大量の瀕死の重傷者と死体を残して、関東軍は撤退した。兵士に人権などはなく、単なる消耗品に過ぎなかったのである。同事件の**停戦協定**が**モスクワ**（北緯55度）で締結するのは、四ヶ月後の九月一五日であった。

停戦後、日本軍による**「戦場掃除」（遺体回収）**が実施された。収容した遺体はそれぞれ荼毘に付し、遺品も一緒に「白木の箱」に収めたという。しかし将兵は死後、敵に自分の名前を知られることを恥じて、生前に認識票や軍隊手帳、さらに手紙・お守りなども焼き捨てていた。また、死後何十日も経ってからの作業のため、遺体の照合が進まなかった。その調査が完了したのは、翌年の春であったという。そのため**「戦死公報」**も大幅に遅れた。

こうして日露戦役以来、初めて体験するソ連軍との「本格的な近代戦」で、日本軍は完敗した。ソ連軍の圧倒的な機動力（戦車・航空機）を対して、歩兵中心の日本軍は為す術がなかったのである。ソ連軍を見くびっていた日本軍による、全く**「無謀な戦争」「無駄な戦争」**であり、その実態は、当時の国民には殆ど知らされることはなかった。大正期のシベリア戦役（出兵）と酷似していよう。しかし、こうした失敗にも拘わらず、日本軍は何も学ぼうとはせず、以後の戦役においても、同じ過ちを繰り返し、やがて悲惨な結末を迎えることになる。

東京では、**「支那事変二周年記念日」**にあたる一四年七月七日、靖国神社付属地にある**軍人会館**（後の**九段会館**）で、**大日本忠霊顕彰会**が発足した。名誉会長には首相**平沼騏一郎**（美作出身、右翼団体国本社主宰、後のA級戦犯終身刑（仮出所中病没））、会長には陸軍大将**菱刈隆**（旧薩摩藩士子息、後の軍事参議官）が就任した。陸軍・海軍・内務など六省共同所管の財団法人であったが、実態は官製の組織である。

同会を主導したのは内務省・神社界ではなく、陸軍省・仏教界であった。**「国に靖国、府県に護国、市町村には忠霊塔」**、あるいは**「忠霊奉戴　一日戦死」**のスローガンの下、全国津々浦々に「忠霊塔」（戦没者の合葬墓）を建設する運動が開始された。とくに「一日戦死」とは、一日分の労力と賃金を、国民は戦死したつもりで忠霊塔建設に捧げる、というものであった。

またこの頃から、「靖国の遺児」や「九段の母」という言葉が全国的に流布し、当時の新聞は挙って「軍事献金」や「銃後美談」を報じていった。

ヨーロッパでは一四年九月一日、ドイツ軍がポーランドに侵攻して、**第二次世界大戦**が勃発するが、ソ連軍がポーランドに進駐するのは、既述のノモンハン停戦協定成立の二日後、九月一七日であった。そして翌一五年九月には、**日独伊三国同盟**が調印され、日本の国際的孤立は深刻化し、日米関係は急速に悪化していく。

この**昭和一五年**は、日本では**「皇紀（紀元）二千六百年」**の年にあたった。同年は、**記紀神話**上の**神武天皇**即位から二六〇〇年とされ、祝賀行事が東京を始め全国各地で多彩に実施されたのである。「神話」が、まことしやかに「史実」として広く喧伝され、他国とは異なる「神国日本」を奉ずる根拠となり、やがて**「神風《じんぷう》特攻隊」**の出現に繋がっていく。同年四月には、教科書『小

「紀元二千六百年」記念の旧相生村（群馬県桐生市相生町）の「忠魂碑」
（陸軍大将男爵荒木貞夫書、昭和 15 年 11 月 10 日建立、相生保育園隣接地）

学国史』（尋常科用上巻）が使用開始されるが、その巻頭には**「神勅」**が掲載されていたという。この祝賀行事を契機に、神社界では社殿新築・境内拡張などの整備が盛んに行われた。

海軍は一五年一〇月一一日、**「紀元二千六百年特別観艦式」**を横浜沖で挙行し、東京での**「紀元二千六百年奉祝式典」**は、同一一月一〇日に開催された。造花で車体を飾った「花電車」が走り、宮城（皇居）前の広場には、約五万名の人々が参集して奉祝式が執行されたという。すでに同二月には、「記紀」の記述は「史実」ではないとする、津田左右吉の著書が発禁処分となっていた。

同年の札幌市の人口は、二〇万六一〇三名であったが、札幌神社では同二月一一日の「紀元節」に、**「皇紀二千六百年記念大祭」**が実施され、同七月には、同社で奉祝「大聖火祭」も執行された。

さらに一一月一〇日には、大通公園で奉祝式が開催されている。

また、札幌護国神社では**「皇紀二千六百年記念事業」**として、一五年から三年計画で、約七万円の予算により、施設・神苑の整備計画が立てられたという。外見上も、同社は拡張されていくのである。琴似村には同年、この国家行事を記念して、**「陸軍屯田兵　第一大隊第一中隊　本部之跡」碑**（八十四翁安孫子倫彦書、**札幌市西区琴似・屯田の森**）も建立された。

札幌はまた、「日本のキリスト教発祥の地」の一つであり、同教界は「教会の札幌」をめざしていたが、**札幌基督教連盟**は一五年二月、**「紀元二千六百年奉祝賛美礼拝」**を市公会堂で開催し、二〇〇〇名が参加したという。本来は天皇を神とは認めないキリスト教徒も、否応なく、**「国家神道」**体制のなかに取り込まれていくのである。現在の二月一一日は「建国記念日」となっている。

「陸軍屯田兵　第一大隊第一中隊　本部之跡」碑
（札幌市西区琴似・屯田の森）

一五年八月には、月寒に新たに**歩兵第百二十五連隊**が発足したが、旭川師団の改編は、満州派遣から戻った一〇月以降であった。また同六月には、「今事変に護国の華と散った札幌四勇士」の遺族に、勲功伝達式が挙行されたと新聞が報じ、一〇月には、第三十五師団長前田中将以下**一八〇五名の北海道合同慰霊祭**が、札幌円山式場で執行されている。ただし、前田中将は戦没者ではなかったようである。将官クラスの場合は、戦没者ではなくとも靖国合祀される場合がある。死後の世界まで、身分階級は付きまとうのである。

さらに同一一月には、**月寒連隊**（**第二十五連隊**）が**樺太混成旅団**の主力として、樺太の**上敷香**《かみしすか》（**ポロナイスク**、北緯49度）に移駐し、**第二十八連隊**と交代することになった。月寒連隊は四〇年以上も駐屯した、馴染みの月寒を離れることになったのである。これに先立つ一〇月、同連隊の札幌での最後の軍旗祭たる「**第四十一回軍旗親授記念式典**」が、中島公園で執行された。同式典には、札幌市内の全学校児童・生徒が参加し、沿道には市民が雲霞の如く参集したという。

一方、一五年の旭川市の人口は、八万七五一四名（刑務所を含む）であったが、同年は「旭川市開基五十周年」にあたり、同九月、旭川市は「紀元二千六百年・開市五十年市民体育会」を、常磐公園グランドで開催した。さらに同一一月、旭川師団主催の「**支那事変戦没者北海道・樺太合同慰霊祭**」が、練兵場で執行されている。

この昭和一五年には、三月からの「**昭和十五年軍備改編要領**」により、陸軍が大規模な軍制改革を実施した。いわゆる「昭和の軍制大改革」であった。その眼目の一つは、防空体制の構築をめざし、七月に「陸軍管区表」を改正して、新たに北部・東部・中部・南部の四軍司令部を新設したことである。旭川師団は同一二月、札幌月寒に設置された**北部軍司令部**（司令官は陸軍中将浜本喜三郎）の指揮下に入る。その管轄区域は、旭川師管区と弘前師管区で、東北から南樺太にかけての広範囲となった。また、「一府県一連隊区制」が導入され、全国の師管の名称を番号から地名に変更したため、第七師団は正式に「**旭川師団**」と改称した。

もう一つは、師団内の砲兵力を高めるなどの理由から、師団を歩兵三個連隊を基幹とする「三単位師団」に、また騎兵を自動車化（捜索連隊）したことであるという。

翌一六年七月、全国の重砲兵部隊は、各地の要塞に派遣されることになり、函館重砲兵連隊は、**津軽要塞重砲兵連隊**に改組された。「津軽海峡の防衛」を担当したのである。ただし同連隊は、日本の敗戦まで、敵艦と本格的な砲火を交えることはなかったという。

中国大陸では一五年七月、満州国の首都**新京**（長春、北緯43度）に、天照大神を祭神とする**建国神廟**が創建され、「満州事変勃発記念日」（九月一八日）には、同神廟の摂社として**建国忠霊廟**も創建された。同忠霊廟は、「**殉国者**」**二万四一四一名**（うち**日本側一万九八七七名**）を祀る、「**満州国版の靖国**」であった。外地（植民地）にも靖国の思想が浸透していくことになる。

札幌護国神社の祭神数は、一五年七月五日の時点で**三七五柱**であったが、日本が「**大東亜戦争**」（**太平洋戦争**）に突入するのは、周知のように翌一六年一二月であった。この突入により、新たに夥しい数の日本軍戦没者が生み出されていくが、靖国神社および護国神社は、これらの「**忠魂**」「**忠**

北海道護国神社の「忠魂とこしへに安かれ」碑
(「大東亜の曙を開く戦が終わりを告げてよりここに二十年」「この碑を我が六万の英霊に捧ぐ」とある。昭和 41 年 6 月 5 日、北海道連合遺族会建立)

霊」「英霊」を呑み込んでいく巨大な容器と化して、その機能を一挙に拡大していくことになる。

日本の敗戦直前の、二〇年七月の札幌護国神社例祭日には、同社の合祀者は一五年時点の約五倍、**一八七一柱**に達していた。また、この祭神数に比例する形で、同社の敷地も当初の二八〇〇余坪から、一八年頃には四倍以上の、一万二〇〇〇余坪にまで拡大している。同社は**「地方の靖国」**あるいは**「ムラやマチの巨大な忠魂碑」**として、外見上も膨張していった。

なお、大谷栄一によれば、日本基督教団がいわゆる「戦争責任告白」をするのは、日本の敗戦から二二年後であり、日本の仏教教団が戦争責任を正式に表明したのは、敗戦から四〇年以上経ってからであるという。

九　むすび――「カミ」として祀る――

現在、**道内**で確認されている「忠魂碑」「忠霊塔」は、**二〇九基**といわれている。既述のように、忠魂碑の建立が一般化するのは日露戦役後であったが、籠谷次郎によれば、昭和五年頃から小学校等において、同碑はとくに**「参拝・礼拝の対象」**になっていくという。「御影（御真影）拝礼」や「神宮・宮城遙拝」「神社参拝」と同列の、**学校行事**となるのである。ただし、それでも同碑を依然として「記念碑」とする、政府の見解は変わらなかった。

例えば、**埼玉県師範学校**附属小学校での訓練（昭和七・八年）において、「志操の啓発」として、

招魂祭の際**上級学年**は特に**参拝**を行ひ、**忠勇の士**の霊を弔ひ、感謝の念を旺んにせしむると共に**国家的情操**を培ふてゆく

と記録されている〔籠谷 1994〕。

また、左記のような、**碑前**での**兵士**の入退営記事も多いという〔籠谷 1994〕。

昭和一〇年一〇一一月（金曜　雨）　浦和市中央区学校連合の国防精神作興大会を浦和商業学校校庭で挙行、式後、**参加部隊**は各町村に向かって大行進。三室部隊は学校へ帰着後、「**忠魂碑**を拝し万歳を唱へて散会」

本書の冒頭で問題提起したように、戦前、忠魂碑は「遺骨ヲ納メザル記念碑」とされてきた。それは一言でいえば、「遺骨」や「遺体」がなければ記念碑である、と内務省は主張したかったようであるが、「遺骨」や「遺体」のない墓碑は世の中に多数存在する。また、靖国神社にも「遺骨」「遺体」は存在しない。つまり忠魂碑は、戦前の「**神社は宗教に非ず**」という、矛盾した大きな論理・枠組みのなかに埋め込まれていた。同碑をめぐるこの見解は、大原康男説に代表されるように、現在でもとくに神社界の人々に継承されていると思われる。

しかし、こうして札幌護国神社成立の歴史を辿ってみれば、屯田兵戦没者碑である「招魂碑」から、「忠魂碑」を経て「招魂社」に至り、「護国神社」に発展していく、**靖国祭祀・神式祭祀**の過程を再度把握することができた。これにより、「忠魂碑は単なる記念碑」なのではなく、戦没者を祀る「宗教施設」であるということが、改めて明白となったのではなかろうか。また繰り返しになるが、「記念施設」であることと「宗教施設」であることとは、何ら矛盾することはないのである。

また、「空の軍神」たる加藤少将を生んだ**東旭川兵村**は、**旭川神社**を創建（明治二六年）している。そして大正期には同社境内に、同村出身の「**戦没英霊**」を祀る**顕勲神社**《けんくん》（旭川市東旭川南一条）が建立された。その由緒は左記のとおりである（現地調査）。

顕勲神社

明治三十七年日露の開戦により**屯田兵**をはじめ五百名が出征し、旅順奉天を攻め北□を守り功を収めたが、戦没者も**四十名**を数えた。

翌三十八年初めて慰霊祭が行われ、その後七月五日を招魂祭日と定め、**帝国在郷軍人会東旭川村分会**の主催となった。

大正四年社殿を造営し儀式も神仏両式で行われたが後内務省令により**神式祭儀**となった。

満州、支那事変、大東亜戦争へと戦没者も急速に増加したが敗戦後は村民一丸の**奉賛会**を結成し、顕勲神社と名称を定め**四一〇柱**の英霊をまつり今日に至っている。

社殿造営の大正四年は、既述のように大正天皇「御大典」（即位礼）の年であった。顕勲神社では当初、神仏両式（カミとホトケ）で祭典が執行されたようである。しかし神社界は、神仏両式による祭典を好ましいものとは思っていなかったのであろう。したがって、同社は「東旭川村の靖国」であるから、同村の**四一〇柱**の「戦没英霊」は、最終的に**「カミ」**として祀られることになった。

「歩兵第二十六連隊軍旗奉焼之碑」
（札幌護国神社・彰徳苑）

同社には加藤少将も合祀されているのであろうから、旧村レベルでは、加藤少将もカミとして祀られていることになる。**家（イエ）**レベルでは**「ホトケ」**であっても、「靖国ピラミッド」のなかでは、カミの領域に包含されることになった。

昭和二〇年八月一五日の「玉音放送」により、日本の**「無条件降伏」「敗戦」**は国民に伝えられた。そして、陸軍大臣は全陸軍に**「軍旗奉焼」**の特別命令を通達（八月二五～三一日）する。ところが同二〇日、**ソ連軍**は突然南下し南樺太に上陸して、日本軍と戦闘状態に入った。**樺太**

の二十五連隊は、「ソ連軍と銃火を交えた最後の部隊」となったが、樺太上敷香の**逢坂神社で軍旗奉焼**している。この傍らには、木柱の「忠魂碑」（第七師団長内野辰次郎中将書）があったという。また一九年三月には、米軍の攻撃に備えて、旭川師団の主力を道内**帯広**に移駐しており、同地に移っていた**二十六連隊**は、連隊の生地である**月寒神社で奉焼**（昭和二〇年九月一〇日）した。天皇そのものであった各連隊旗は、敗戦と共に遂に灰燼に帰し、跡形もなくなった。

二〇年八月二五日には「大命」が発せられ、「**軍の解体**」が命じられた。最後に残った北部軍管区司令部は、翌九月二五日に復員解体し、ここに**北東方面全軍**は完全に消滅する。この間の八月下旬、樺太からの引揚船である**小笠原丸以下三隻**が、留萌沖の日本海で国籍不明の潜水艦攻撃により沈没し、**一七〇八名**（推定）が死亡したという。

さらに同一二月一五日、「**政教分離の原則**」の下に、**ＧＨＱ（連合国総司令部）**からいわゆる「**神道指令**」が発せられた。これにより、「**国家神道**」も解体する。そして、それまで軍国主義と直結していた、「**ミリタリー・シュライン**」（**軍国主義的神社**または**軍国的神社**）たる靖国神社・護国神社は、存続の危機に直面することになる。

西村明によれば、ＧＨＱでは「国家神道廃止」の問題を、「全占領政策中の根本政策の一つとしてとりあげ」、「日本の軍備をなくすのと同じくらい重要なレベルの問題」、と見なしていたという。

しかしこうしたなかで、**靖国神社**は結局廃絶を免れることになり、靖国神社の名称もそのまま継承されることになった。そして二〇年一二月二八日、戦前の「宗教団体法」は廃止され、新たに「信教の自由」を保障した**「宗教法人令」**が制定された。また翌二一年二月には、神祇院官制が廃止となり、神社の国家管理が終わり、社格制度も廃止された。靖国神社は宗教法人令により同九月、「単立宗教法人」（神社本庁に所属せず）として登録完了したのである。つまり官立ではなくなったものの、戦前の姿のまま、かつ祭神もそのままで、存続することになった。現在の靖国神社の祭神数は、**二一三万三七〇〇余柱の「大東亜戦争」戦没者**を取り込み、**計二四六万六三〇〇余柱**にまで膨れ上がっている。

一方、**護国神社**はどうであったか。靖国神社と比較して、護国神社の方が情状が重い、とGHQは判断していたという。その理由としては、護国神社は戦時中に創られ、**連隊区所在地**に存在している、という点であった。つまり、軍との直接的な結びつきが強い、ということなのであろう。また、靖国神社に戦没者を祀れば、さらに他の神社に祀る必要はないと、護国神社は不要であるとも考えていた。

このように全国各地の護国神社は、靖国神社以上に窮地に追い込まれることになった。この窮状は、護国神社が**社名を変更**して軍国色を排除し、とくに戦没者以外の人々、例えば地域の文化功労者等をも祭神に取り込むことで、漸く回避されることになる。つまり**「戦没者の慰霊顕彰」**ではなく、広く**「死者の慰霊安鎮」**を目的とした神社に衣替えすることで、その存続が許可されたという。

こうして道内では二一年、北海道護国神社が**北海道神社**に、札幌護国神社が**札幌彰徳神社**に、函館護国神社が**潮見丘神社**に、それぞれ改称した。そして、札幌彰徳神社が札幌護国神社に復称するのは、三四年七月で、同八月八日には、**「鎮座八十周年記念祭」**並びに**「物故者功労慰霊祭」**を開催している。なお、多くの護国神社は、二六年九月の**「サンフランシスコ平和条約調印」**を契機に復称している。

現在、**札幌護国神社**境内には**「彰徳苑」**（昭和六〇年に秩父宮が命名）と称する一画があり、同苑内には多くの慰霊碑・合祀碑が建立されている。そのなかの一つに、**「アッツ島玉砕　雄魂之碑」**（玉砕満二五周年・昭和四三年七月一六日建立）がある。

昭和一八年五月二九日、**北洋**のアリューシャン列島アッツ島で、**米軍**の攻撃により、**日本軍守備隊**（**山崎部隊**）**二六〇〇余名**が「全滅」した。大本営はこれを**「玉砕」**と発表し、初めてこの言葉が使用された。同碑下部には「奉安室」があり、玉砕地の「霊石」と、戦没者全員の「遺影」が納められたという。ここでは、戦没者は「忠魂」ではなく、**「雄魂」**であった。

また、**「北海道全海軍　英魂之碑」**（昭和五三年八月二〇日建立、以下「英魂碑」とする）がある。筆者にとって、台座上に置かれた**二基の**「**大錨**」が印象的であった同碑の碑文には、左記のようにあった（札幌護国神社 1989、現地調査）。

守るも攻むるもくろがねの浮かべる城ぞたのみなる（中略）勇壮なる軍艦行進曲もと固

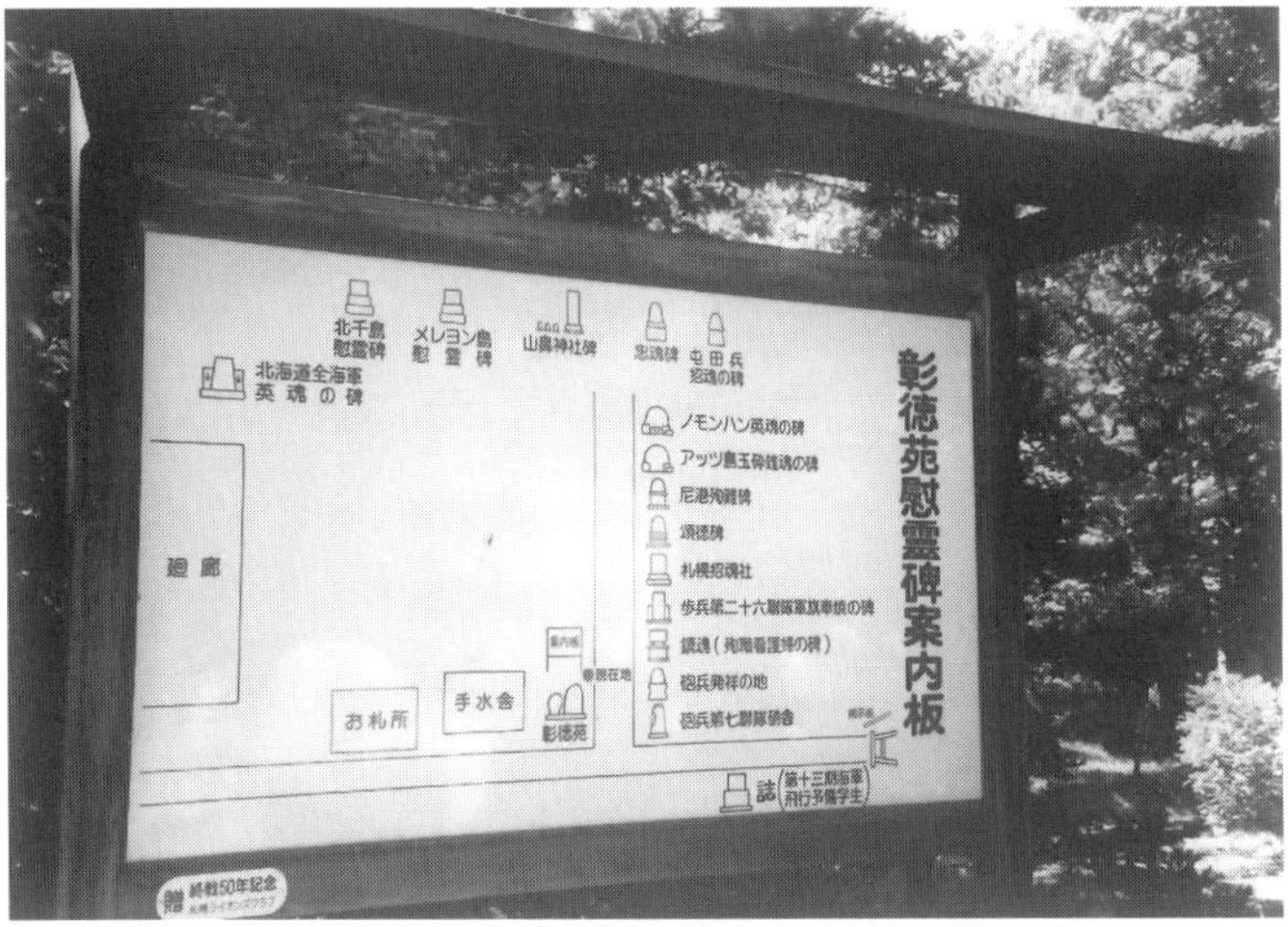

「彰徳苑慰霊碑案内板」

「アッツ島玉砕　雄魂之碑」
（彰徳苑）

二基の「大錨」を置いた「北海道全海軍　英魂之碑」
（彰徳苑）

く心を結びあったあの海軍生活　その絆をもとに北海道全海軍の集いは組織され　旧交を温
め未来を語り郷土の発展と平和に寄与すべく歩みを続けつつある
日本の命運を賭しての戦いに敗れ　慟哭の中で迎えた終戦以来すでに三十有余年　思えば

日本海軍創建以来遠くは**日清日露の戦い**から　近
くはあの**太平洋戦争**に至るまで　いかに多くの将
兵たちが戦火に斃れ祖国に殉じていったことか
「海ゆかば水漬屍」と冷たい大海原の底深く沈み
あるいは雲流るる果てに散っていった戦友たち
今われわれが享受している日本の平和と繁栄は
これら多くの**英魂の献身と犠牲**の上に築かれたも
のであることを銘記せねばならない
ここにわれわれは　北海道・千島・樺太にゆか
りのすべての**海軍関係戦没者及び戦後の物故者の**
霊を祀り　永遠にその遺徳を偲ぶとともに**日本の**
恒久の平和と郷土の繁栄を願う象徴とし　また
われわれ海軍関係者の心のふるさととして　この
英魂の碑を建立する

昭和五十三年八月二十日

北海道全海軍英魂之碑建立期成会

この英魂碑は、「大東亜戦争」のみではなく、近代日本の北海道・千島・樺太ゆかりの、全海軍の慰霊顕彰碑であった。ただし、このなかに戊辰・己巳戦役の東軍戦没者は、含まれていないのであろう。

第一回目の**「海軍合同慰霊祭」**が札幌護国神社で開催されたのは、「終戦三十周年」にあたる昭和五〇年一二月六日であったが、同碑建立の計画と推進は、**「北海道全海軍の集い」**（昭和五〇年発足、会員数五〇〇〇名）が母体になったという。同碑は海軍の碑らしくスマートで、しかも威風堂々とし、**「錨と桜」をシンボル**にするという意図の下に、デザインされた。

ところで、戦前のような靖国神社の国家護持を求める議論は、敗戦後も燻っていたが、昭和四九年五月の、衆議院本会議での**「靖国神社法案」**の可決により、最高潮に達した。しかし、参議院では同法案は審議未了となったため、結局、国会で廃案となった。

また翌五〇年七月、天皇は**「終戦三十周年臨時大祭」**を実施する、旧指定護国神社五一社に対して、「幣帛料」を下賜した。さらに、当時の**首相三木武夫**は、翌五〇年八月一五日の「終戦記念日」に、戦後の歴代首相とし**「靖国神社に初参拝」**し、大きな物議を醸すことになった。一方、札幌では同六月、**北海道神宮復興奉賛会**が発足している。このように英魂碑が建立される時期は、とくに靖国神社を巡る大きな展開があったのである。

五二年九月二五日、同碑建立の審議結果がまとめられ、「短期決戦」方式で建碑作業が開始されて、翌五三年八月二〇日には、竣工式・合同慰霊祭が執行されている。二基の大錨は、住友重工業浦賀造船所に保管されていた、加古型重巡（七一〇〇トン）用の**主錨**（四・五トン）で、同造船所からの寄付であった。この錨は、海路を**海上自衛隊**の車両で札幌に運び込まれている。同碑のように大錨を両舷に据えて、**「海軍らしい威風堂々の風格を放っている慰霊碑」**は、どこにもないという。そして五四年七月には、同社は**「創祠百年記念祭」**を執行した。

靖国合祀された北海道出身の海軍戦没者は、**一万三八〇九柱**とされているが、同碑の除幕式の際に、同碑に合祀されたのは**一万四九五二柱**という。靖国合祀者よりも一〇〇〇名以上多くなっている。これは、戦没者のみならず、**「戦後の物故者」**も祭神に加えたからであろうが、基本的には、靖国祭祀から漏れた戦没者を、より広く合祀しようとしたからであろう。したがってこの方針は、屯田兵招魂碑の建立趣旨と繋がっていた。その「祭神名簿」たる**「北海道全海軍戦没者御霊爾」**が、除幕式の碑前に供えられた。この英魂碑は、一万五〇〇〇名近くの人々を**「カミ」**として祀る、「慰霊顕彰碑」であり、また同碑には、今後他界する会員たちも合祀していくという。なお、道内には函館の海軍官修墓地以外に、**「海軍埋葬地」（海軍墓地）**は設営されなかったようである。

このように、近代初期の一つの招魂碑から、護国神社に発展した札幌護国神社には、敗戦後その境内に、再び多くの慰霊碑を出現させることになった。この英魂碑も、招魂碑・忠魂碑と同様のものである。護国神社の本殿のみならず、境内の慰霊碑にも戦没者の「忠魂」「英魂」は宿り、同社の全域が**戦没者を「カミ」**として祀る、**「祭祀空間」「慰霊顕彰空間」**を形成していることになる。そして既述のように、一般的に神社の**祭神**は固定されているのであるが、護国神社の祭神は、靖国神社に倣い、今後も**「無限に増えていく」**ことが可能であった。

「鎮魂」碑（殉難看護婦の碑）
（昭和 20 年 8 月 17 日に樺太太平炭鉱病院看護婦 6 名が自決。彰徳苑）

「樺太開拓記念碑」
（北海道神宮）

〔参考文献〕

会津史学会編、2009『新訂　会津歴史年表』歴史春秋社。

会津武家屋敷編、1991『北辺に生きる会津藩』会津武家屋敷。

会津武家屋敷編、1993『北のまもりと開拓―会津藩と北海道―』会津武家屋敷。

青井哲人、2005『植民地神社と帝国日本』吉川弘文館。

赤澤史朗、2005『靖国神社―せめぎあう〈戦没者追悼〉のゆくえ―』岩波書店。

赤澤史朗、2015『戦没者合祀と靖国神社』吉川弘文館。

朝尾直弘他編、2005『角川　新版　日本史辞典』角川書店。

旭川市史編集会議編、1996『新旭川市史　第七巻　史料二』旭川市長菅原功一。

旭川市史編集会議編、1997『新旭川市史　第八巻　史料三』旭川市長菅原功一。

旭川市史編集会議編、2006『新旭川市史　第三巻　通史三』旭川市長菅原功一。

旭川市史編集会議編、2009『新旭川市史　第四巻　通史四』旭川市長西川将人。

旭川市史編集会議編、2012『新旭川市史　第五巻　年表・索引』旭川市長西川将人。

朝日新聞、2015「近づく靖国と自衛官」（二月一八日付、西本　秀）。

朝日新聞、2021「高崎『群馬の森』朝鮮人追悼碑　市民団体が敗訴、上告へ」（八月二七日付、北野隆一）。

朝日新聞、2021「護国神社の例大祭　7県知事ら公務参列」（九月一五日付、豊　秀一）。

阿部隆一編、2014『季刊　会津人群像』二八号、歴史春秋社。

雨宮昭一、2009『占領と改革』岩波新書。

新井勝紘、2018『五日市憲法』岩波新書。

新井勝紘・一ノ瀬俊也編、2003『国立歴史民俗博物館研究報告―慰霊と墓―』国立歴史民俗博物館（歴博）。

荒川章二編、2015『地域のなかの軍隊2　関東　軍都としての帝都』吉川弘文館。

洗　建、1992「『宗教法』をめぐる宗教学」脇本平也・柳川啓一編『現代宗教学4　権威の構築と破壊』東京大学出版会。

粟津賢太、2003「忠霊塔をめぐる言説と宗教社会学的アプローチ」歴博編『近現代の戦争に関する記念碑』歴博。

粟津賢太、2017『記憶と追悼の宗教社会学―戦死者祭祀の成立と変容―』北海道大学出版会。

粟津賢太、2019「書評とリプライ　今井昭彦著『対外戦争戦没者の慰霊―敗戦までの展開―』」『宗教と社会』二五号、「宗教と社会」学会。

粟津賢太、2019「文献紹介　今井昭彦による慰霊研究三部作について」『戦争社会学研究3―宗教からみる戦争―』戦争社会学研究会。

栗津賢太、2021「書評と紹介　今井昭彦著『近代群馬と戦没者慰霊』」『宗教研究』四〇一号、日本宗教学会。

生田　惇、1987『日本陸軍史』教育社。

池上良正、2008「靖國信仰の個人性」國學院大學研究開発推進センター編『慰霊と顕彰の間—近現代日本の戦死者観をめぐって—』錦正社。

池上良正、2019『増補　死者の救済史』ちくま学芸文庫。

井坂優斗、2021「書評　今井昭彦著『近代群馬と戦没者慰霊』」『群馬歴史民俗』四二号、群馬歴史民俗研究会。

石原征明、2003『ぐんまの昭和史（上）』みやま文庫。

石原征明・岩根承成、2016『ぐんまの自由民権運動』みやま文庫。

伊勢崎市編、1993『伊勢崎市史　通史編2　近世』伊勢崎市。

磯岡哲也・弓山達也、2016「近代化と日本の宗教」井上順孝編『宗教社会学を学ぶ人のために』世界史思想社。

板橋春夫、2007『誕生と死の民俗学』吉川弘文館。

一ノ瀬俊也、2004『近代日本の徴兵制と社会』吉川弘文館。

一ノ瀬俊也、2004『明治・大正・昭和軍隊マニュアル—人はなぜ戦場に行ったのか—』光文社新書。

一ノ瀬俊也他、2006『日本軍事史』吉川弘文館。

伊藤純郎、2008『増補　郷土教育運動の系譜』思文閣出版。

伊藤純郎、2015「予科練と特攻隊の原風景―霞ヶ浦・筑波山―」荒川編『地域のなかの軍隊2』吉川弘文館。

伊藤純郎、2019『特攻隊の〈故郷〉―霞ヶ浦・筑波山・北浦・鹿島灘―』吉川弘文館。

伊藤純郎、2020「総会講演　満州移民と長野県」『信濃』八五〇号、信濃史学会。

伊藤純郎編著、2008『フィールドワーク　茨城県の戦争遺跡』平和文化。

伊藤智永、2009『奇をてらわず―陸軍省高級副官美山要蔵の昭和―』講談社。

伊藤智永、2016『靖國と千鳥ヶ淵―A級戦犯合祀の黒幕にされた男―』講談社。

伊藤智永、2016『忘却された支配―日本のなかの植民地朝鮮―』岩波書店。

伊藤智永、2019『「平成の天皇」論』講談社現代新書。

伊藤直美、2020「一九一三ドイツにおける国籍法改正議論―『血統に基づく共同体』?―」石田勇治他編『ドイツ市民社会の史的展開』勉誠出版。

伊藤栄晃、2008『関東学園大学研究叢書　近代英国社会史序説』大学教育出版。

伊藤　廣、1992『屯田兵の研究』同成社。

稲宮康人・中島三千男、2019『非文字資料研究叢書2　「神国」の残照　海外神社跡地写真記録』国書刊行会。

今井昭彦、1987「群馬県下における戦没者慰霊施設の展開」『常民文化』一〇号、成城大学大学院日本常民文化専攻院生会議。

今井昭彦、1995「上野彰義隊墓碑と函館碧血碑」『ビエネス』一号、群馬県文化財研究会。

今井昭彦、1998「近代日本における戦没者祭祀―札幌護国神社創建過程の分析を通して―」松崎編『近代庶民生活の展開―くにの政策と民俗―』三一書房。

今井昭彦、2002「幕末における会津藩士の殉難とその埋葬―会津戦争を事例として―」歴博監修（福井・新谷編）『人類にとって戦いとは5　イデオロギーの文化装置』東洋書林。

今井昭彦、2003「日露戦争と戦争碑―山田郡大間町の事例から―」『群馬評論』九五号、群馬評論社。

今井昭彦、2004「己巳戦役における戦死者の埋葬―東軍戦死者を中心に―」『群馬歴史民俗』二五号、群馬歴史民俗研究会。

今井昭彦、2004「札幌月寒の忠魂納骨塔」『武尊通信』一〇〇号、群馬歴史民俗研究会。

今井昭彦、2004「忠霊塔に関する一考察―その意匠と祭祀形態をめぐって―」『歴史と民俗』（神奈川大学日本常民文化研究所論集20）二〇号、平凡社。

今井昭彦、2004「国家が祀らなかった戦死者―白虎隊士の事例から―」国際宗教研究所編（井上・島薗監修）『新しい追悼施設は必要か』ぺりかん社。

今井昭彦、2005『近代日本と戦死者祭祀』東洋書林。

今井昭彦、2005「道都札幌における戦死者祭祀―札幌護国神社の創建を中心に―」『近代日本と戦死者祭祀』東洋書林。

今井昭彦、2008「群馬県における忠霊塔建設―靖國問題によせて―」『群馬文化』二九五号、群馬県地域文化研究協議会。

今井昭彦、2008「忠霊塔建設に関する考察―その敗戦までの経緯―」関沢編『国立歴史民俗博物館研究報告―戦争体験の記録と語りに関する資料論的研究―』歴博。

今井昭彦、2010「近代における『賊軍』戦死者の祭祀―会津戊辰戦役を事例として―」國學院大學研究開発推進センター編『霊魂・慰霊・顕彰―死者への記憶装置―』錦正社。

今井昭彦、2013『反政府軍戦没者の慰霊』御茶の水書房。

今井昭彦、2014「近代会津の復権と戦没者慰霊」阿部編『季刊　会津人群像』二八号、歴史春秋社。

今井昭彦、2015「人神信仰と戦没者慰霊の成立」島薗他編『シリーズ日本人と宗教3　生と死』春秋社。

今井昭彦、2015「コラム1　軍都高崎と歩兵第一五連隊」、「コラム3　宇都宮第一四師団」荒川編『地域のなかの軍隊2』吉川弘文館。

今井昭彦、2015「群馬県における戦没者慰霊」『旧真田山陸軍墓地研究年報』三号、特定非営利活動法人「旧真田山陸軍墓地とその保存を考える会」。

今井昭彦、2015「戦没者慰霊の現状と課題―群馬県の事例をもとに―」『群馬文化』三二二号、群馬県地域文化研究協議会。

今井昭彦、2017「軍都高崎と戦没者慰霊」群馬県立女子大学編『群馬学リサーチフェロー論集　群馬学の確立にむけて　別巻1』上毛新聞社。

今井昭彦、2018『対外戦争戦没者の慰霊―敗戦までの展開―』御茶の水書房。

今井昭彦、2020『近代群馬と戦没者慰霊』御茶の水書房。

今井昭彦、2021『近代日本と高崎陸軍埋葬地』御茶の水書房。

今井昭彦、2021「軍祭祀」松永他編『郷土史大系　領域の歴史と国際関係（下）―近現代―』朝倉書店。

今井昭彦編、1991『今井昭二追想録』（私家版）。

岩井忠熊、2008『「靖国」と日本の戦争』新日本出版社。

岩波書店編集部編、1991『近代日本総合年表　第三版』岩波書店。

岩根承成、2004『群馬事件の構造―上毛の自由民権運動―』上毛新聞社。

岩根承成編著、2008『群馬と戦争―古代~近代の群馬と民衆―』みやま文庫。

丑木幸男、2008『群馬県兵士のみた日露戦争』みやま文庫。

丑木幸男、2019「新刊紹介　今井昭彦著『対外戦争戦没者の慰霊―敗戦までの展開―』」『群馬文化』三三五号、群馬県地域文化研究協議会。

内田　満、2007「秩父困民党と武器（得物）」森田武教授退官記念会編『近世・近代日本社会の展開と社会諸科学の現在』新泉社。

内田　満、2017『一揆の作法と竹槍席旗』埼玉新聞社。

浦部法穂、1993「判例クローズアップ　自治体による忠魂碑移設等と政教分離―箕面忠魂碑・慰霊祭訴訟最高裁判決―」『法学教室』一五四号、有斐閣。

海野福寿、2001『日清・日露戦争』集英社。

江差町史編集室編、1979『江差町史　第三巻　資料三』江差町。

江差町史編集室編、1983『江差町史　第六巻　通説二』江差町。

江差町史編集室編、1983『江差町史年表』（『江差町史　第六巻　通説二』別冊）江差町。

海老根功調査編修、2001『群馬県の忠霊塔等』群馬県護国神社（非売品）。

遠藤由紀子、2008『近代開拓村と神社―旧会津藩士及び屯田兵の帰属意識の変遷―』御茶の水書房。

大岡昇平、1981『成城だより』文藝春秋。

大江志乃夫、1974『国民教育と軍隊』新日本出版社。

大江志乃夫、1976『日露戦争の軍事史的研究』岩波書店。

大江志乃夫、1981『徴兵制』岩波新書。

大江志乃夫、1984『靖国神社』岩波新書。

大串潤児、2021「現代歴史学と私たちの課題」、「軍隊と紙芝居」吉田編『戦争と軍隊の政治社会史』大月書店。

太田市編、1992『太田市史　通史編　近世』太田市。

太田市編、1994『太田市史　通史編　近現代』太田市。

大谷栄一、2002『近代日本の日蓮主義運動』法蔵館。

大谷栄一、2004「靖国神社と千鳥ヶ淵戦没者墓苑の歴史―戦没者の位置づけをめぐって―」国際宗教研究所編（井上・島薗監修）『新しい追悼施設は必要か』ぺりかん社。

大谷栄一、2019『日蓮主義とはなんだったのか―近代日本の思想水脈―』講談社。

大谷栄一、2020『近代仏教というメディア―出版と社会活動―』ぺりかん社。

大谷栄一、2021「戦争協力と抵抗」島薗他編『近代日本宗教史 4 戦争の時代』春秋社。

大谷栄一、2021「『戦場の宗教』を問う」『歴史評論』八五六号、歴史科学協議会。

大谷栄一編、2021『戦後日本の宗教者平和運動』ナカニシヤ出版。

大谷栄一他編、2018『日本宗教史のキーワード―近代主義を超えて―』慶應義塾大学出版会。

大野 啓、2021「書評 今井昭彦著『近代群馬と戦没者慰霊』」『比較家族史研究』三五号、比較家族史学会。

大濱徹也、1978『天皇の軍隊』教育社。

大濱徹也・吉原健一郎編、1993『江戸東京年表』小学館。

大原康男、1984『忠魂碑の研究』暁書房。

小川直之、1996『歴史民俗論ノート』岩田書院。

小田康徳編著、2019『旧真田山陸軍墓地、墓標との対話』阿吽社。

小田康徳・横山篤夫他編著、2006『陸軍墓地が語る日本の戦争』ミネルヴァ書房。

落合延孝、1996『猫絵の殿様―領主のフォークロア―』吉川弘文館。

落合延孝、2006『幕末民衆の情報社会―風説留が語るもの―』有志舎。

落合延孝、2015『幕末維新を生きた人々』みやま文庫。

落合延孝、2020「新刊紹介　今井昭彦著『近代群馬と戦没者慰霊』」『群馬文化』三四一号、群馬県地域文化研究協議会。

小野泰博他編、1985『日本宗教事典』弘文堂。

小野泰博他編、1986『日本宗教ポケット辞典』弘文堂。

小幡　尚、2019「高知県中山村の日露戦争戦没者―兵士の動向と地域の対応―」『海南史学』五七号、海南史学会。

小幡　尚、2020「高知県中山村と日露戦争―地域の対応と帰還した兵士の動向―」『高知人文社会科学研究』七号、高知大学人文社会科学部。

籠谷次郎、1994『近代日本における教育と国家の思想』阿吽社。

笠原一男・安田元久編、1972『日本史小年表』山川出版社。

笠原英彦、2006『明治天皇』中公新書。

笠原英彦、2012『歴代天皇総覧』中公新書。

粕川村誌編纂委員会、1972『粕川村誌』群馬県勢多郡粕川村役場。

粕川村百年史編さん委員会、1994『粕川村百年史』粕川村。

加藤陽子、1996『徴兵制と近代日本』吉川弘文館。

金巻鎮雄、1999『旭川文庫2　北海道屯田兵絵物語』総北海。

神島二郎、1980『近代日本の精神構造』岩波書店。

川村邦光、1996『民俗空間の近代―若者・戦争・災厄・他界のフォークロア―』情況出版。

川村邦光、2007『越境する近代　聖戦のイコノグラフィー―天皇と兵士・戦死者の図像・表象―』青弓社。

菊地　実、2015『近代日本の戦争遺跡研究―地域史研究の新視点―』雄山閣。

キース・L・カマチョ（西村明・町泰樹訳）、2016『戦禍を記念する―グアム・サイパンの歴史と記憶―』岩波書店。

北村　毅、2009『死者たちの戦後誌―沖縄戦跡をめぐる人々の記憶―』御茶の水書房。

近現代史編纂会編、2000『陸軍師団総覧』新人物往来社。

熊倉浩靖、2016『上毛三碑を読む』雄山閣。

熊倉浩靖、2020『「日本」誕生―東国から見る建国のかたち―』現代書館。

栗田尚弥、2020『キャンプ座間と相模総合補給廠』有隣新書。

群馬県編、1940『上毛忠魂録』群馬県。

群馬県高等学校教育研究会歴史部会編、1991『新版　群馬県の歴史散歩』山川出版社。

群馬県高等学校教育研究会歴史部会編、2005『群馬県の歴史散歩』山川出版社。

群馬県史編さん委員会編、1992『群馬県史　通史編　年表・索引』群馬県。

孝本　貢、2001『現代日本における先祖祭祀』御茶の水書房。

國學院大學研究開発推進センター編、2008『慰霊と顕彰の間—近現代日本の戦死者観をめぐって—』錦正社。

國學院大學研究開発推進センター編、2010『霊魂・慰霊・顕彰—死者への記憶装置—』錦正社。

國學院大學研究開発推進センター編、2013『招魂と慰霊の系譜—「靖國」の思想を問う』錦正社。

國學院大學研究開発推進センター編・阪本是丸責任編集、2016『昭和前期の神道と社会』弘文堂。

國學院大學日本文化研究所編、1994『神道事典』弘文堂。

国際宗教研究所編（井上順孝・島薗進監修）、2004『新しい追悼施設は必要か』ぺりかん社。

国立歴史民俗博物館監修（福井勝義・新谷尚紀編）、2002『人類にとって戦いとは5　イデオロギーの文化装置』東洋書林。

国立歴史民俗博物館編、2002『葬儀と墓の現在—民俗の変容—』吉川弘文館。

国立歴史民俗博物館編、2003『「非文献資料の基礎的研究」報告書　近現代の戦争に関する記念碑』歴博。

国立歴史民俗博物館編、2004『戦争体験の記録と語りに関する資料調査1　国立歴史民俗博物館資料調査報告書』歴博。

小林健三・照沼好文、1969『招魂社成立史の研究』錦正社。

近藤好和、2019『天皇の装束』中公新書。

埼玉県神道青年会編、2017『埼玉県の忠魂碑』小川秀樹。

坂井久能、2013「靖國神社と白金海軍墓地」國學院大學研究開発推進センター編『招魂と慰霊の系譜―「靖國」の思想を問う―』錦正社。

坂井久能編著、2006『名誉の戦死―陸軍上等兵黒川梅吉の戦死資料―』岩田書院。

櫻井義秀・川又俊則編、2016『人口減少社会と寺院―ソーシャル・キャピタルの視点から―』法藏館。

佐々木利和他編、2005『街道の日本史1　アイヌの道』吉川弘文館。

佐々木　真、2018『図説　ルイ16世―太陽王とフランス絶対王政―』河出書房新社。

札幌護国神社社務所、1989『北海道護国神社創祠百拾年史』札幌護国神社社務所。

札幌市教育委員会編、1991『新札幌市史　第二巻　通史二』北海道新聞社。

札幌市教育委員会編、1994『新札幌市史　第三巻　通史三』北海道新聞社。

札幌市教育委員会編、1997『新札幌市史　第四巻　通史四』札幌市。

札幌市、2008『新札幌市史　第八巻Ⅱ　年表・索引編』札幌市。

佐藤憲一、2003「仙台陸軍墓地調査報告」新井・一ノ瀬編『国立歴史民俗博物館研究報告―慰霊と墓―』一〇二集、歴博。

佐藤雅也、2013「誰が戦死者を祀るのか―戊辰戦争・西南戦争・対外戦争（戦闘）戦死者供養と祭

祀—」鈴木岩弓・田中則和編『講座　東北の歴史　六　生と死』清文堂。
佐藤雅也、2017「近代仙台の慰霊と招魂（2）—誰が戦死者を祀るのか—」仙台市歴史民俗資料館編『足もとからみる民俗　調査報告書第集』仙台市教育委員会。
佐藤雅也、2018「近代と旧藩祖祭祀—誰が旧藩祖伊達政宗を祀るのか—」『宮城歴史科学研究』八一号、宮城歴史科学研究会。
佐野賢治・谷口　貢他編、1996『現代民俗学入門』吉川弘文館。
後田多敦、2014「史窓6　台湾出兵から百四十年」『月刊琉球』一八号、琉球館。
後田多敦、2010『琉球救国運動—抗日の思想と行動—』出版舎 Mugen。
後田多敦、2019『救国と真世—琉球・沖縄・海邦の史志—』琉球館。
後田多敦、2021「資料紹介　土屋寛信『琉球紀行　全』—沖縄県設置直後のコレラ感染と政治の記録—」『神奈川大学人文学会　人文研究』二〇三号、神奈川大学。
島薗　進、2010『国家神道と日本人』岩波新書。
島薗　進、2013『日本仏教の社会理論』岩波現代全書。
島薗　進・高埜利彦・林　敦・若尾政希編、2015『シリーズ日本人と宗教3　生と死』春秋社。
島薗　進・末木文美士・大谷栄一・西村　明編、2021『近代日本宗教史　4　戦争の時代』春秋社。
島薗　進・末木文美士・大谷栄一・西村　明編、2021『近代日本宗教史　5　敗戦から高度成長へ』春秋社。

下中彌三郎編、1996『神道大辞典（縮刷版）』臨川書店。

十菱駿武・菊池　実編、2002『しらべる戦争遺跡の事典』柏書房。

上毛新聞、2020「文学　流星群　作家大岡昇平　米兵撃たなかった理由」（七月一四日付）。

上毛新聞、2021「群馬の森追悼碑　設置不許可は『適法』」（八月二七日付、落合琢磨）。

上毛新聞、2021「群馬の森追悼碑訴訟判決」（八月二七日付、真下達也）。

上毛新聞タカタイ、2014「戦死者の木像初展示」（七月二五日付）。

白井永二・土岐昌訓編、1979『神社辞典』東京堂出版。

白川哲夫、2015『「戦没者慰霊」と近代日本─殉難者と護国神社の成立─』勉誠出版。

白川哲夫、2019「書評と紹介　今井昭彦著『対外戦争戦没者の慰霊』」『日本歴史』八五二号、吉川弘文館。

白川哲夫、2021「書評と紹介　今井昭彦著『近代群馬と戦没者慰霊』」『日本歴史』八七六号、吉川弘文館。

市立函館博物館編、1997『一九九七特別展　函館の明治維新』市立函館博物館。

市立函館博物館編、1999『常設展示図録　五稜郭・函館戦争』市立函館博物館友の会。

市立函館博物館編、1999『特別展示図録　一九九九特別展「戊辰戦争」』市立函館博物館。

市立函館博物館編、2006『二〇〇六　特別展　展示図録　北の守りと外国─蝦夷地に築かれた城─』市立函館博物館。

市立函館博物館編、2019『二〇一九 企画展 展示図録 箱館戦争 終結一五〇』市立函館博物館。

市立函館博物館編、2021『収蔵資料展示図録 箱館戦争』市立函館博物館。

新人物往来社編、1990『別冊歴史読本 特別増刊 地域別 日本陸軍連隊総覧 歩兵編』新人物往来社。

新谷尚紀、1992『日本人の葬儀』紀伊國屋書店。

新谷尚紀、2005『柳田民俗学の継承と発展―その視点と方法―』吉川弘文館。

新谷尚紀、2009『お葬式―死と慰霊の日本史―』吉川弘文館。

新谷尚紀、2010「戦死者記念と文化差」関沢編『戦争記憶論―忘却、変容そして継承―』昭和堂。

新谷尚紀、2013『伊勢神宮と三種の神器―日本古代の祭祀と天皇―』講談社選書メチエ。

新谷尚紀、2015『葬式は誰がするのか―葬儀の変遷史―』吉川弘文館。

新谷尚紀、2016「書評 今井昭彦著『反政府軍戦没者の慰霊』」『日本民俗学』二七九号、日本民俗学会。

新谷尚紀、2021『神社の起源と歴史』吉川弘文館。

新谷尚紀・関沢まゆみ編、2005『民俗小事典 死と葬送』吉川弘文館。

新潮社辞典編集部編、1991『新潮日本人名辞典』新潮社。

関沢まゆみ編、2008『国立歴史民俗博物館研究報告―戦争体験の記録と語りに関する資料論的研究―』一四七集、歴博。

関沢まゆみ編、2010『戦争記憶論―忘却、変容そして継承―』昭和堂。

世田谷区教育委員会編、1996『世田谷区教育史　通史編』世田谷区教育委員会。

全国護国神社会二十五年史編集委員会編、1972『全国護国神社会二十五年史』全国護国神社会。

仙台市史編さん委員会、2008『仙台市史　通史編６』仙台市。

仙台市史編さん委員会、2009『仙台市史　通史編７』仙台市。

仙台市歴史民俗資料館編、2008『ガイドブック　仙台の戦争遺跡』仙台市教育委員会。

仙台市歴史民俗資料館編、2008『企画展図録　戦争と庶民のくらし３』仙台市教育委員会。

仙台市歴史民俗資料館編、2014『企画展図録　戦争と庶民のくらし４』仙台市教育委員会。

薗田　稔・橋本征宣編、2004『神道史大辞典』吉川弘文館。

高石史人編、1990『「靖国」問題関連年表』永田文昌堂。

高木大祐、2014『動物供養と現世利益の信仰論』慶友社。

高木　侃、2017『写真で読む三くだり半』日本経済評論社。

高木博志、2006『近代天皇制と古都』岩波書店。

高木博志編、『近代日本の歴史都市―古都と城下町―』思文閣出版。

高崎市編、1935『昭和九年　陸軍特別大演習竝地方行幸高崎市記録』高崎市。

高橋哲哉、2005『靖國問題』ちくま新書。

田中伸尚・田中　宏・波田永美、1995『遺族と戦後』岩波新書。

谷口眞子、2006『赤穂浪士の実像』吉川弘文館。
谷口眞子、2013『赤穂浪士と吉良邸討入り』吉川弘文館。
谷口　貢、1998「戦没者の慰霊と民俗信仰―福島県会津高田町の事例を中心に―」松崎編『近代庶民生活の展開』三一書房。
田端　宏他、2000『北海道の歴史』山川出版社。
田間泰子、2006『「近代家族」とボディ・ポリティクス』世界思想社。
堤マサエ、2009『日本農村家族の維持と変動』学文社。
手島　仁、2007「近代群馬の観光立県構想」『群馬県立歴史博物館紀要』二八号、群馬県立歴史博物館。
手島　仁、2008「日露戦争軍人木像」乾淑子編『戦争のある暮らし』木声社。
手島　仁・西村幹夫、2003「軍事都市高崎の陸軍墓地」『群馬県立歴史博物館紀要』二四号、群馬県立歴史博物館。
天皇制研究編集委員会編、1983『天皇制研究　特集＝忠魂碑・英霊サイクルを撃て!!』七号、JCA出版。
東京学芸大学日本史研究室編、2009『日本史年表　増補4版』東京堂出版。
時枝　務、2008「書評　今井昭彦著『近代日本と戦死者祭祀』」『群馬歴史民俗』二九号、群馬歴史民俗研究会。

時枝　務、2010「招魂碑をめぐる時空―群馬県高崎市頼政神社境内の招魂碑の場合―」『國學院大學研究開発推進センター　研究紀要』四号、國學院大學研究開発推進センター。

時枝　務、2018『山岳霊場の考古学的研究』雄山閣。

時枝　務、2020「神社合祀の記念碑―群馬県高崎市大住神社の事例―」由谷裕哉編『神社合祀再考』岩田書院。

徳江　健・石原征明編著、1980『事件と騒動―群馬民衆闘争史―』上毛新聞社。

戸部良一、1998『日本の近代9　逆説の軍隊』中央公論社。

冨井恭二、2019「屯田兵はいかに葬られたか―村田政吉と東條敬次郎―」小田康徳編著『旧真田山陸軍墓地、墓碑との対話』阿吽社。

中島三千男、2020「『靖国問題』に見る戦争の『記憶』」『歴史学研究　増刊号』青木書店。

中島三千男、2013『海外神社跡地の景観変容―さまざまな現在―』御茶の水書房。

中島三千男、2019『天皇の「代替わり儀式」と憲法』日本機関紙出版センター。

中山　郁、2016「陸軍における戦場慰霊と「英霊」観」國學院大學研究開発推進センター編『昭和前期の神道と社会』弘文堂。

波平恵美子、2004『日本人の死のかたち―伝統儀礼から靖国まで―』朝日選書。

楢崎修一郎、2018『骨が語る兵士の最期』筑摩選書。

二木謙一監修、2004『藩と城下町の事典』東京堂出版。

西村　明、2006『戦後日本と戦死者慰霊―シズメとフルイのダイナミズム―』有志舎。
西村　明、2015「書評とリプライ　今井昭彦著『反政府軍戦没者の慰霊』」『宗教と社会』二一号、「宗教と社会」学会。
西村　明、2018「慰霊」大谷他編著『日本宗教史のキーワード―近代主義を超えて―』慶應義塾大学出版会。
西村　明、2021「慰霊と平和」島薗他編『近代日本宗教史　5　敗戦から高度成長へ』春秋社。
西山　茂、2016『近現代日本の法華運動』春秋社。
新田義之、2006『澤柳正太郎』ミネルヴァ書房。
日本史広辞典編集委員会編、1997『日本史広辞典』山川出版社。
野口信一、2017『会津戊辰戦死者埋葬の虚実―戊辰殉難者祭祀の歴史―』歴史春秋社。
函館市史編さん室編、1990『函館市史　通説編　第二巻』函館市。
函館市史編さん室編、1997『函館市史　通説編　第三巻』函館市。
長谷部恭男、1993「判例批評　箕面忠魂碑・慰霊祭訴訟上告審判決」『ジュリスト』一〇二六号、有斐閣。
秦　郁彦、2010『靖国神社の祭神たち』新潮選書。
秦　郁彦編、1994『日本陸海軍総合事典』東京大学出版会。
早瀬晋三、2007『戦争の記憶を歩く―東南アジアのいま―』岩波書店。

原田敬一、2001『国民軍の神話―兵士になるということ―』吉川弘文館。

原田敬一、2003「陸海軍墓地制度史」新井・一ノ瀬編『国立歴史民俗博物館研究報告―慰霊と墓―』一〇二集、歴博。

原田敬一、2007『日清・日露戦争』岩波新書。

原田敬一、2008『日清戦争』吉川弘文館。

原田敬一、2013『兵士はどこへ行った―軍用墓地と国民国家―』有志舎。

原田敬一、2015『「戦争」の終わらせ方』新日本出版社。

原田敬一、2017「書評　今井昭彦著『対外戦争戦没者の慰霊』」『比較家族史研究』三一号、比較家族史学会。

原田敬一、2020『日清戦争論―日本近代を考える足場―』森の泉社。

原　剛・安岡昭男編、1997『日本陸海軍事典』新人物往来社。

原　武史・吉田　裕編、2005『岩波天皇・皇室辞典』岩波書店。

伴雄三郎・市川與一郎編、1935『樺太忠魂史』県社豊原神社社務所。

樋口雄彦、2012『敗者の日本史　箱館戦争と榎本武揚』吉川弘文館。

檜山幸夫編著、2001『近代日本の形成と日清戦争―戦争の社会史―』雄山閣。

檜山幸夫編著、2011『帝国日本の展開と台湾』創泉堂出版。

広岡義之編著、2007『教育の制度と歴史』ミネルヴァ書房。

福川秀樹、2000『日本海軍将官辞典』芙蓉書房出版。

福川秀樹、2001『日本陸軍将官辞典』芙蓉書房出版。

福田博美、1997「群馬県における忠霊塔の建設と市町村」『群馬文化』二五二号、群馬県地域文化研究協議会。

藤井忠俊、2010『在郷軍人会―良兵良民から赤紙・玉砕へ―』岩波書店。

藤井正希、2020『憲法口話』成文堂。

藤田大誠、2010「戦死者の霊魂をめぐる慰霊・追悼・顕彰と神仏両式―明治期における招魂祭の展開を中心に―」國學院大學研究開発推進センター編『霊魂・慰霊・顕彰』錦正社。

藤田大誠、2017「靖國神社の祭神合祀に関する一考察―人霊祭祀の展開と『賊軍』合祀問題を軸として―」『國學院大學研究開発推進センター　研究紀要』一一号、國學院大學研究開発推進センター。

藤田大動、2019「大正大礼における神社界の活動―全国神職会と皇典講究所を中心に―」『國學院雑誌』一二〇巻一一号、國學院大學。

藤田大誠、2020「戦時下における英霊公葬運動と神仏抗争―日本主義の哲学者・松永材の神仏観を軸として―」國學院大學研究開発推進センター編・阪本是丸責任編集『近代の神道と社会』弘文堂。

藤田大誠、2021「超国家主義と宗教」島薗他編『近代日本宗教史　4　戦争の時代』春秋社。

藤田大誠編、2019『国家神道と国体論―宗教とナショナリズムの学際的研究―』弘文堂。

古田紹欽他監修、1988『佛教大事典』小学館。

保科智治、1997「『箱館戦争関係墓碑』調査について」『市立函館博物館　研究紀要』七号、市立函館博物館。

保科智治、1997「史料紹介―旧幕府脱走軍外交関係史料について―」『一九九七特別展　函館の明治維新』市立函館博物館。

保科智治、1999「戊辰戦争にみる戦争協力」『特別展示図録　一九九九特別展「戊辰戦争」』市立函館博物館。

保科智治、2020「〈資料紹介〉館蔵『笹野家関係文書』の紹介」『市立函館博物館　研究紀要』三一号、市立函館博物館。

北海道編、1980『新北海道史年表』北海道出版企画センター。

北海道高等学校日本史教育研究会、2006『北海道の歴史散歩』山川出版社。

北海道新聞、2010「忠霊塔・忠魂碑『守れない』」（八月一四日付、夕刊）。

北海道新聞、2015「神奈川大・今井昭彦さんに聞く『靖国』と同時期創建　函館護国神社」（八月一六日付、中川大介）。

北海道新聞社編、1967『北海道百年　上』北海道新聞社。

北海道新聞社編、1968『北海道百年　中』北海道新聞社。

北海道新聞社編、1968『北海道百年　下』北海道新聞社。

北海道新聞社編、1982『はこだて歴史散歩』北海道新聞社。

北海道歴史教育研究会編著、1994『新版　北海道の歴史散歩』山川出版社。

堀田暁生、2019「下田織之助、最初の埋葬者にして謎の死―兵隊埋葬地はいかにしてできたのか―」小田編著『旧真田山陸軍墓地、墓標との対話』阿吽社。

堀田暁生、2020「徒刑人墓標建て替えについて―アジ歴史料から―」『旧真田山陸軍墓地研究紀要』八号、特定非営利活動法人旧真田山陸軍墓地とその保存を考える会。

毎日新聞、2020「ルポ　忠霊塔建設、全国一の群馬県」（八月六日付夕刊、伊藤智永）。

毎日新聞、2020「地域の『戦争意識』ひもとく」（八月一四日付、伊藤智永）。

毎日新聞「靖国」取材班、2007『靖国戦後秘史―A級戦犯を合祀した男―』毎日新聞社。

前澤和之、2021『上野国交替実録帳と古代社会』同成社。

前澤哲也、2004『日露戦争と群馬県民』喚乎堂。

前澤哲也、2009『帝国陸軍　高崎連隊の近代史　上巻　明治大正編』雄山閣。

前澤哲也、2011『帝国陸軍　高崎連隊の近代史　下巻　昭和編』雄山閣。

前澤哲也、2016『古来征戦幾人カ回ル―いくさに出れば、帰れないのだ―』あさを社。

前田俊一郎、2010『墓制の民俗学―死者儀礼の近代―』岩田書院。

巻島　隆、2006「幕末維新期の『新田家旧臣』による新田神社創建について―新居喜左衛門日記を読む―」『ぐんま史料研究』二四号、群馬県立文書館。

巻島 隆、2016『桐生新町の時代―近世在郷村の織物と社会―』群馬出版センター。

巻島 隆、2021「新刊紹介 今井昭彦『近代日本と高崎陸軍埋葬地』」『桐生史苑』六〇号、桐生文化史談会。

松崎憲三、2004『現代供養論考―ヒト・モノ・動植物の慰霊―』慶友社。

松崎憲三編、1998『近代庶民生活の展開―くにの政策と民俗―』三一書房。

松永昌三・吉原健一郎・田村貞夫・栗田尚弥編、2021『郷土史大系 領域の歴史と国際関係（下）―近現代―』朝倉書店。

松前町史編集室編、1988『松前町史 通説編 第一巻 下』松前町。

松前町史編集室編、1993『松前町史 通説編 第二巻』松前町。

丸山泰明、2010『凍える帝国―八甲田山雪中行軍遭難事件の民俗誌―』青弓社。

宮崎俊弥、2017『近代まえばし史話』一般社団法人前橋法人会。

宮崎十三八・安岡昭男編、1994『幕末維新人名辞典』新人物往来社。

宮地正人、2012『幕末維新変革史 上』岩波書店。

宮地正人、2012『幕末維新変革史 下』岩波書店。

宮田 登、1970『生き神信仰―人を神に祀る習俗―』塙新書。

宮本袈裟男・谷口 貢編著、2009『日本の民俗信仰』八千代出版。

村上興匡・西村　明編、2013『慰霊の系譜―死者を記憶する共同体―』森話社。

村上重良、1970『国家神道』岩波新書。

村上重良、1974『慰霊と招魂―靖国の思想―』岩波新書。

村上重良、1980『天皇の祭祀』岩波新書。

村上泰賢、2010『小栗上野介―忘れられた悲劇の幕臣―』平凡社新書。

村瀬隆彦、2002「静岡陸軍墓地個人墓について」『東海の路』刊行会編『考古学論文集　東海の路―平野吾郎先生還暦記念―』同刊行会。

村瀬隆彦、2002「丸尾勉のふたつの墓―静岡陸軍墓地と浜岡の墓所―」『静岡県近代史研究』二八号、静岡県近代史研究会。

村瀬隆彦、2008「志太郡関係日露戦争死没者について」『藤枝市史研究』九号、藤枝市。

村瀬隆彦、2009「日露戦争関連死者の木像・常昌院」静岡県戦争遺跡研究会『静岡県の戦争遺跡を歩く』静岡新聞社。

村瀬隆彦、2009「静岡陸軍墓地の個人墓」静岡県戦争遺跡研究会『静岡県の戦争遺跡を歩く』静岡新聞社。

本康宏史、2002『軍都の慰霊空間―国民統合と戦死者たち―』吉川弘文館。

本康宏史、2003「金沢陸軍墓地調査報告」新井・一ノ瀬編『国立歴史民俗博物館研究報告―慰霊と墓―』一〇二集、歴博。

本康宏史、2003「慰霊のモニュメントと『銃後』社会」新井・一ノ瀬編『国立歴史民俗博物館研究報告―慰霊と墓―』一〇二集、歴博。

本康宏史、2007「書評　今井昭彦『近代日本と戦死者祭祀』」『歴史学研究』八二三号、歴史学研究会。

森　謙二、1993『墓と葬送の社会史』講談社現代新書。

森岡清美、1984『家の変貌と先祖の祭』日本基督教団出版局。

森岡清美、1987『近代の集落神社と国家統制』吉川弘文館。

森岡清美、1991『決死の世代と遺書』新地書房。

森岡清美、2005『明治キリスト教会形成の社会史』東京大学出版会。

森岡清美、2011『若き特攻隊員と太平洋戦争』吉川弘文館。

森岡清美、2012『ある社会学者の自己形成―幾たびか嵐を越えて―』ミネルヴァ書房。

森岡清美、2012『「無縁」社会に高齢期を生きる』アーユスの森新書。

森岡清美、2016『真宗大谷派の革新運動―白川党・井上豊忠のライフヒストリー―』吉川弘文館。

森岡清美、2016『年譜・著作目録　再訂版』森岡清美（非売品）。

森岡清美、2018『新版　真宗教団と「家」制度』法藏館。

森岡清美・今井昭彦、1982「国事殉難戦没者、とくに反政府軍戦死者の慰霊実態（調査報告）」『成城文藝』一〇二号、成城大学文芸学部。

森下　徹、2006「個人墓碑から忠霊塔へ」小田・横山他編著『陸軍墓地がかたる日本の戦争』ミネルヴァ書房。

森下　徹、2019「書評　今井昭彦『対外戦争戦没者の慰霊―敗戦までの展開―』」『史潮』新八六号、歴史学会。

森下　徹、2019「軍隊のいた町・信太山」大西進・小林義孝（河内の戦争遺跡を語る会）編『地域と軍隊―おおさかの軍事・戦争遺跡―』山本書院グラフィックス出版部。

靖國顕彰会編、1964『靖國』靖國顕彰会。

靖國神社監修、2000『ようこそ靖國神社へ』近代出版社。

靖國神社編、2007『故郷の護國神社と靖國神社』展転社。

靖國神社やすくにの祈り編集委員会編著、1999『やすくにの祈り』産経新聞社。

山折哲雄監修、2004『日本宗教史年表』河出書房新社。

山田恵吾編著、2014『日本の教育文化を学ぶ―時代・生活・学校―』ミネルヴァ書房。

山田雄司、2014『怨霊・怪異・伊勢神宮』思文閣出版。

山田雄司、2014『怨霊とは何か』中公新書。

山辺昌彦、2003「全国陸海軍墓地一覧」新井・一ノ瀬編『国立歴史民俗博物館研究報告―慰霊と墓―』一〇二集、歴博。

山室建徳、2007『軍神』中公新書。

横山篤夫、2001『戦時下の社会』岩田書院。

横山篤夫、2003「旧真田山陸軍墓地変遷史」新井・一ノ瀬『国立歴史民俗博物館研究報告―慰霊と墓―』一〇二集、歴博。

横山篤夫、2005「陸軍墓地と一般墓地内の軍人墓」『多摩の歩み』一一七号、財団法人たましん地域文化財団。

横山篤夫、2006「軍隊と兵士―さまざまな死の姿―」小田・横山他編『陸軍墓地がかたる日本の戦争』ミネルヴァ書房。

横山篤夫、2011「戦没者・兵役従事者の慰霊追悼と陸軍墓地―真田山陸軍墓地の事例を中心に―」『軍事史学』四七巻三号、軍事史学会。

横山篤夫、2019「生兵の溺死」小田編著『旧真田山陸軍墓地、墓標との対話』阿吽社。

横山篤夫、2020「総説・戦地に建設された忠霊塔」『旧真田山陸軍墓地　研究年報8』特定非営利活動法人旧真田山陸軍墓地とその保存を考える会。

横山篤夫・西川寿勝編著、2012『兵士たちが見た日露戦争―従軍日記の新資料が語る坂の上の雲―』雄山閣。

横山篤夫・森下　徹、2003「大阪府内の高槻と信太山の陸軍墓地」新井・一ノ瀬編『国立歴史民俗博物館研究報告―慰霊と墓―』一〇二集、歴博。

吉川弘文館編集部編、2012『日本軍事史年表―昭和・平成―』吉川弘文館。

吉田　裕、2002『日本の軍隊―兵士たちの近代史―』岩波新書。
吉田　裕、2007『アジア・太平洋戦争』岩波新書。
吉田　裕、2012『現代歴史学と軍事史研究―その新たな可能性―』校倉書房。
吉田　裕、2017『日本軍兵士―アジア太平洋戦争の現実―』中公新書。
吉田　裕編、2021『戦争と軍隊の政治社会史』大月書店。
ラルフ・プレーヴェ（阪口修平監訳、丸畠宏太・鈴木直志訳）、2010『19世紀ドイツの軍隊・国家・社会』創元社。
脇　哲、1981『埋もれていた箱館戦争』みやま書房。
渡辺雅子、2007『現代日本宗教論―入信過程と自己形成の視点から―』御茶の水書房。
渡辺雅子、2011『満州分村移民の昭和史―残留者なしの引揚げ　大分県大鶴開拓団―』彩流社。
渡辺雅子、2019『韓国立正佼成会の布教と受容』東信堂。

人名索引

事項索引

か

き

く

け

こ

さ

し

す

せ

そ

た

ち

つ

て

と

な

に

の

は

ひ

ふ

へ

ほ

ま

み

む

め

や

ゆ

よ

り

れ

ろ

著者紹介

今井昭彦（いまい・あきひこ）

1955年　群馬県太田市生まれ
1983年　成城大学文芸学部文芸学科を経て
　　　　同大学大学院文学研究科日本常民文化専攻修士課程修了
　　　　埼玉の県立高等学校社会科教員となり、熊谷女子高等学校などに勤務
2005年　博士（文学）（総合研究大学院大学）
2006年　第14回石川薫記念地域文化賞「研究賞」受賞
　　　　専門は歴史学・社会学・民俗学
　　　　成城大学民俗学研究所研究員、国立歴史民俗博物館（歴博）共同研究員、
　　　　筑波大学非常勤講師等を歴任
　　　　単著は『近代日本と戦死者祭祀』（東洋書林、2005年）、『反政府軍戦没者の慰霊』（御茶の水書房、2013年）、『対外戦争戦没者の慰霊――敗戦までの展開――』（御茶の水書房、2018年）、『近代群馬と戦没者慰霊』（御茶の水書房、2020年）、『近代日本と高崎陸軍埋葬地』（御茶の水書房、2021年）
現　在　歴史家、神奈川大学国際日本学部・群馬大学大学教育センター非常勤講師
　　　　群馬県邑楽郡大泉町文化財保護調査委員

「北鎮都市《ほくちんとし》」札幌《さっぽろ》と戦没者《せんぼつしゃ》慰霊《いれい》――護国神社《ごこくじんじゃ》の成立《せいりつ》まで――

2021年12月22日　第1版第1刷発行

著　者――今　井　昭　彦
発行者――橋　本　盛　作
発行所――株式会社 御茶の水書房
〒113-0033 東京都文京区本郷5-30-20
電話 03-5684-0751

Printed in Japan　　組版・印刷／製本・東港出版印刷株式会社

ISBN978-4-275-02153-3 C3021

近代日本と高崎陸軍埋葬地　今井昭彦著　A5判・一五四頁　価格二四〇〇円

近代群馬と戦没者慰霊　今井昭彦著　菊判・三六六頁　価格六八〇〇円

対外戦争戦没者の慰霊
——敗戦までの展開　今井昭彦著　菊判・五二八頁　価格八八〇〇円

反政府軍戦没者の慰霊　今井昭彦著　菊判・四七八頁　価格七六〇〇円

海外神社跡地の景観変容　中島三千男著　A5判・一二〇頁　価格一〇〇〇円

近代開拓村と神社
——旧会津藩士及び屯田兵の帰属意識の変遷　遠藤由紀子著　菊判・三〇二頁　価格五六〇〇円

樺太における日ソ戦争の終結 知取協定　ニコライ・ヴィネフスキー著　小山内道子訳／白木沢旭児解説　A5判・一四六頁　価格二八〇〇円

日中両国から見た「満洲開拓」
——体験・記憶・証言　白木沢旭児・寺林伸明・劉含発編　A5判・六一六頁　価格九四〇〇円

日本とオーストラリアの太平洋戦争
——記憶の国境線を問う　鎌田真弓編　A5判・二七〇頁　価格三〇〇〇円

死者たちの戦後誌
——沖縄戦跡をめぐる人びとの記憶　北村毅著　A5判・四四二頁　価格四〇〇〇円

戦後日本の反戦・平和と「戦没者」
——遺族運動の展開と三好十郎の警鐘　今井勇著　菊判・三五八頁　価格五〇〇〇円